标杆精益系列图书

精益生产运作系统规划设计
——打造企业高效价值流

梅清晨 著

机械工业出版社

本书针对我国制造型企业普遍存在的生产运作系统价值创造能力不强、产出效率不高等共性问题，从打造企业高效价值流的角度提出了精益生产运作系统规划设计方法。本书共 10 章，内容包括价值流分析概论、精益生产运作系统概述、产品图样分解与 BOM 编制、产品生产工艺设计、设备精益化选型与设施精益化布置、标准工时制定、物料消耗定额制定、PFMEA 设计、作业 SOP 与检验 SOP 设计、生产运作系统运行效果评价与改进。本书为制造型企业开展精益生产运作系统规划设计提供了参考模型。

　　本书可供产品研发、工艺设计、生产管理、智能制造等领域的工程技术人员阅读，也可供高等院校机械工程类、管理工程类研究生、本科生作为生产运作课程实践教材使用。

图书在版编目（CIP）数据

精益生产运作系统规划设计：打造企业高效价值流/
梅清晨著. —北京：机械工业出版社，2022.11（2025.4 重印）
（标杆精益系列图书）
ISBN 978-7-111-71939-7

Ⅰ.①精… Ⅱ.①梅… Ⅲ.①企业管理-生产管理
Ⅳ.①F273

中国版本图书馆 CIP 数据核字（2022）第 205796 号

机械工业出版社（北京市百万庄大街 22 号　邮政编码 100037）
策划编辑：孔　劲　　　　责任编辑：孔　劲
责任校对：肖　琳　王　延　封面设计：张　静
责任印制：常天培
固安县铭成印刷有限公司印刷
2025 年 4 月第 1 版第 2 次印刷
169mm×239mm · 12 印张 · 232 千字
标准书号：ISBN 978-7-111-71939-7
定价：58.00 元

电话服务　　　　　　　　网络服务
客服电话：010-88361066　　机 工 官 网：www.cmpbook.com
　　　　　010-88379833　　机 工 官 博：weibo.com/cmp1952
　　　　　010-68326294　　金 书 网：www.golden-book.com
封底无防伪标均为盗版　　机工教育服务网：www.cmpedu.com

序

制造业是一个国家综合实力的根本，是立国之本、强国之基。《中华人民共和国国民经济和社会发展第十四个五年规划和 2035 年远景目标纲要》提出，我国要增强制造业竞争优势，推动制造业高质量发展。

当前，我国正在加快构建以国内大循环为主体、国内国际双循环相互促进的新发展格局。在此背景下，深入贯彻落实制造强国战略，增强制造业竞争优势，进一步壮大实体经济，显得尤为重要和紧迫。

目前，我国很多制造型企业在进行生产运作系统规划设计时往往采用经验式、借鉴式等方法，容易导致生产运作系统整体精益化水平不高，影响其价值创造能力的发挥和产出效率的持续提升，严重制约了企业竞争优势的塑造和我国制造业高质量发展。

本书作者先后在军工央企、科研院所和高校工作，曾担任企业高管多年，承担过多项精益生产运作系统规划设计项目，深谙生产运作系统运行机理和价值创造痛点，创造性地将价值流分析作为生产运作系统规划设计的理论支撑，构建了一套以"打造企业高效价值流"为核心思想的企业生产运作系统规划设计方法。本书以"理论解读+方法构建+工程实践案例解析"为架构对该方法进行了详细阐述，逻辑清晰，易学好懂。

本书是作者主持承担的河南省自然科学基金面上项目"基于价值流分析的精益智造模式理论体系构建研究"（202300410007）主要研究成果之一，也是作者近年来数十项精益生产运作系统规划设计项目的经验总结，理论内容充实、实践案例丰富，非常值得一读。

相信本书的出版，对企业开展精益生产运作系统规划设计，打造企业高效价值流，增强企业价值创造能力和提高产出效率，推动制造业高质量发展将会起到很好的促进作用。

马明星　博士
清华大学校友总会先进制造专业委员会秘书长

生产运作系统，也称制造系统，是由人和机器构成的、能将一定输入转化为特定输出的有机整体。生产运作系统的核心功能是对输入的资源要素进行增值转化，以满足社会和客户的需求。因此，生产运作系统是制造型企业价值创造的主阵地，它决定着制造型企业的价值创造能力和市场竞争能力。

目前，相当一部分企业的生产运作系统规划设计不精益，这限制了企业价值创造能力的发挥。因此，企业急需一套理论与实践相结合的科学方法对企业生产运作系统进行精益化规划设计，以提高企业价值创造能力。

本书以"价值创造"为着眼点，以促进"企业价值创造能力提升"为核心思想，以"打造企业高效价值流"为主线，分别从价值流分析概论、精益生产运作系统概述、产品图样分解与 BOM 编制、产品生产工艺设计、设备精益化选型与设施精益化布置、标准工时制定、物料消耗定额制定、PFMEA 设计、作业 SOP 与检验 SOP 设计、生产运作系统运行效果评价与改进 10 个方面详细、全面地阐述了精益生产运作系统规划设计方法。本书为制造型企业开展精益生产运作系统规划设计提供了新的参考模型。

本书有以下特点：

一是理论方法新颖。本书创造性地将"价值流分析"作为精益生产运作系统规划设计的理论支撑，丰富了生产运作系统规划设计理论体系。

二是叙述方式新颖。本书在按章节阐述理论方法的同时，以某假定产品（万能数据线）为对象，同步进行生产运作系统精益化规划设计过程讲解，使读者更容易理解和掌握。

三是案例来源新颖。本书中所有案例均来自作者近年来的项目实践，案例真实、应用性强，具有非常高的借鉴价值。

在本书撰写过程中作者参阅了大量中外参考资料，在此对这些资料的作者表示诚挚的敬意和衷心的感谢。此外，清华大学天津高端装备研究院洛阳先进制造产业研发基地精益智造应用技术研究所的王玺、贾禄冰、郭洋波等对本书实践案例的编写提供了大力帮助，河南工程学院工业工程系娄莹莹、陈寅生等同学为本书图表绘制做了大量工作，在此一并表示感谢。

本书可供制造型企业产品研发、工艺设计、生产管理、智能制造等领域工程技术人员阅读，也可供高等院校机械工程类、管理工程类研究生、本科生作为生产运作课程实践教材使用。

作　者

目 录

价值流分析概论

1.1 价值与产品价值

1.1.1 价值一词的起源

价值（Value）一词最早来源于拉丁语 Valere。从词源学的角度讲，这个词的词根意义十分模糊，其意义遍及所有方面，从"是好的"到"具有体力或勇猛"。

价值一词在 14 世纪进入英语语言体系，可是直到 19 世纪，有关该词语的解释几乎完全与经济学有关，即意指物品的价格，或凝结在商品中的一般的、无差别的人类劳动。

从 19 世纪末开始，在新康德主义者、叔本华、尼采的哲学中，价值一词的意义开始向经济学之外的领域扩张了。同时，以价值为研究对象的学说即价值论（Value Theory）或价值学（Axiology）也开始得以系统发展，也有人称其为价值科学（Science of Value）。

进入 21 世纪，价值一词的意义在很多领域得到更大的发展。从企业产品（商品）的角度看，价值的意义已经从以"凝结在商品中的一般的、无差别的人类劳动"为特征的客观价值意义转变为以"商品对人类主观需求的满意程度"特征的主观价值意义。

1.1.2 价值的定义及内涵

关于价值一词的定义，人们的理解千差万别，至今没有统一的定义。

一般认为，价值是具体事物具有的一般规定、本质和性能。人和具体事物、主体和客体、事情和事情、运动和运动、物体和物体的相互作用、相互影响、相互联系、相互统一是价值的存在和表现形式。

在现代汉语词典中，价值一词被解释为：

1）体现在商品里的社会必要劳动。价值量的大小决定于生产这一商品所需的社会必要劳动时间的多少。不经过人类劳动加工的东西，如空气，即使对人们有使用价值，也不具有价值。

2）用途或积极作用：这些资料很有参考价值、粗制滥造的作品毫无价值。

在政治经济学中，价值是指凝结在商品中的无差别的人类劳动，即人脑力和体力的耗费。价值是抽象劳动创造的，是商品所特有的社会属性。所以，商品和商品的交换，反映着价值和价值的交换，也就是劳动和劳动的交换，正是由于商品价值作为抽象劳动的社会表现，它才最明显地反映着商品生产社会所特有的生产关系。

在马克思主义哲学中，价值属于外部客观世界对于满足人的需要的意义关系的范畴，强调价值是具有特殊属性的客体对主体需要的满足或意义，是客体以自身属性满足主体需要或主体需要被客体满足的效益关系。客体有无价值以及价值大小，取决于它能否满足主体之需要以及满足之程度。当客体能够满足主体需要时，客体对于主体就有价值，满足主体需要的程度越大，价值就越大。哲学上的价值概念具有最大的普遍性，是对各种特殊的价值现象的本质概括。

从现代汉语词典、政治经济学和马克思主义哲学对价值一词的解释中可以看出，价值的共同特征是主客体关系。一方面，个人的需要和满足是由作为客体的他人和社会提供的；另一方面，个人又会创造物质财富和精神财富，一部分供自己享用（个人是自为主客体），一部分供他人和社会享用（作为社会的个人，是提供价值的客体）。主体需要的满足要在社会交往、商品交换中实现。

从思想史的发展看，价值是人类对于自我发展的本质发现、创造与创新的要素本体，包括任意的物质形态。价值在很多领域有特定的形态。一方面，价值是一个关系范畴，其所表达的是一种人与物之间的需要与满足的对应关系，即客体能够满足主体的一定需要；另一方面，价值又是一个属性范畴，价值具有自身的特点和属性，它是各种自然物体的普遍性规定和一般本质。

1.1.3 价值的来源

当今社会，不管是组织还是个人，都非常崇尚创造价值。但是，要想创造价值就必须明确价值的来源。那么，价值的来源究竟是什么？

从现代汉语词典的解释看，价值来源于生产这一商品所需的社会必要劳动时间的多少。从政治经济学的角度看，价值来源于凝结其中的无差别人类劳动。这两种解释都比较难以理解。从马克思主义哲学的角度看，价值来源于其对某个人类的主观需求的满足程度，即主观需求者对其满足程度的评价。这个解释相对比较容易理解。

举个例子，在茫茫的大海上，你所乘坐的船被暴风雨击沉了，你被海浪冲到了一个荒凉的无人岛上，岛上没有食物也没有淡水，你口干舌燥、又饥又渴，觉得自己很快要撑不住了，充满绝望。这时，如果有一桶矿泉水和一块黄金，你会怎么选择？毫无疑问，此时此刻，对你的主观需求而言，你会毫不犹豫地选择矿泉水，因为，此刻，你最重要的主观需求是喝到淡水，活下去！

但是，反过来想一下，如果没有"荒凉的无人岛"这个背景，你会怎么选择？按照常理，以人民币衡量，矿泉水可能只需要花费 10 元，而一块黄金却可能需要花费十几万元。这个时候，正常情况下，你很可能会选择黄金，因为黄金作为贵重金属和中间货币，黄金不但能帮你满足购买矿泉水解渴这个主观需求，还能更大程度地满足你除"购买矿泉水解渴"之外的其他主观需求。

以上的故事说明什么？说明由于所处环境的不同，会使人的主观需求出现不同；主观需求不同，其对事物的认识价值也不同。

一句话概括，主观需求就是价值的来源。

1.1.4 产品价值

价值，是客体与主体之间的一种关系，是作为客体的对象、事物，与作为需要者的主体之间的一种特定关系。在这种关系中，主体是价值形成的动因，是价值的决定者和主导者。

另外，价值评价是价值观念中的重要内容，价值只有通过评价才会被人们所认识，才会提高人们价值追求的自觉性和价值取向的明确性。但是，主体的价值观念并不是一成不变的，在社会上经济、政治、文化、思想各领域的变革中，价值观念的变革最为深刻，这必然对主体产生深刻的影响。

什么是产品价值？产品价值，是指由产品的功能、特性、品质、品种与式样等所产生的价值。产品价值，是客户需要的中心内容，也是客户选购产品的首要因素，在一般情况下，它是决定客户购买总价值大小的关键和主要因素。

产品价值是由客户需要决定的。早在 1954 年，德鲁克就指出，客户购买和消费的绝不是产品，而是价值。

在分析产品价值时，应注意在经济发展的不同时期，客户对产品的需要有不同的需求，构成产品价值的要素以及各种要素的相对重要程度也会有所不同。

在过去的计划经济时代（卖方市场占主导地位），由于产品长期短缺，人们把获得产品看得比产品的特色更为重要，因而客户购买产品时更看重产品的耐用性、可靠性等性能方面的质量，而对产品的花色、式样、特色等却较少考虑。这个时代，企业处在卖方市场的主导地位，企业的利润主要是通过其对产品价格的设定来获得。另外，由于人们对产品的花色、式样、特色等较少考虑，因此企业基本上都是少品种大批量生产，企业管理，特别是生产管理比较粗放。

在如今的市场经济时代（买方市场占主导地位），市场商品日益丰富，人们的生活水平普遍提高，与计划经济时代不同的是，相比产品的耐用性、可靠性等性能方面的质量，客户往往更为重视产品的特色质量，如要求功能齐备、质量上乘、式样新颖等。在买方市场，客户处在市场的主导地位，企业的利润主要是靠客户的认可来获得。另外，由于客户往往更为重视产品的特色质量，因此企业必须要采用多品种小批量的生产模式来满足客户多样的特色需求，这就要求企业必须实行精细化管理和精益生产管理，想尽一切办法消除生产经营中的浪费，提高盈利能力。

1.1.5　客户定义产品价值

产品价值是由客户需要确定的，即客户定义价值。

要理解客户定义价值的含义，就必须先要理解什么是客户、什么是客户价值。

现代汉语词典中，客户是指商店或服务行业称来买东西的人或要求服务的人。牛津现代英汉双解词典中，客户是指购买东西的人。本书中，客户是指已经或可能要花钱购买供应商所提供的产品（或服务）的个人或组织。在此定义中，供应商主要是指生产产品或提供服务的厂商，而客户主要是指产品和服务的消费者（注意，不一定是最终消费者，只有 C 端产品才面向最终消费者）。

关于客户价值有多种定义。本书中，采用以下定义：客户价值是指在客户与企业及其产品的整个接触互动过程中，客户对企业及其产品的存在、作用及其变化同客户及其需要相适应、相一致或相接近的程度的感知和评价。该定义有如下内涵：

1. 客户价值的主体是"客户"

客户价值是客户感知到的企业及其产品的价值。这与客户对企业的价值是一个相对应的概念。在"客户价值"概念的理解中将客户还是将企业作为主体，这是一个企业经营理念的问题。企业是应优先考虑企业为客户创造和提供的价值，还是优先考虑客户为企业创造和提供的价值，这将直接影响企业的战略决策、经营行为及绩效评价标准。在本书中，除非特别指出，客户价值就是指企业为客户创造和提供的价值，"客户"是价值的主体，"企业及其产品"是客体。这也符合精益生产管理理念。

2. 客户价值的客体是"企业及其产品"

客户价值是指企业及其产品对客户的价值。但需要特别注意的是，企业对客户的价值不仅是提供产品。产品本身是价值的载体，除了产品能为客户提供价值外，企业的服务及形象等也能为客户创造价值。

3. 客户价值是一种感知和评价

客户价值是客户对企业及其产品的存在、作用及其变化同客户及其需要相适应、相一致或相接近的程度的感知和评价。评价是在感知的基础上做出的，客户价值感知分类如图 1-1 所示。

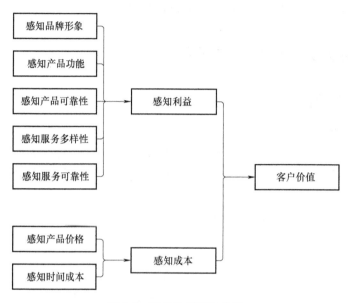

图 1-1 客户价值感知分类

评价是一种态度，有正面评价（满意、喜欢）、负面评价（不满意、讨厌）和中性评价之分。这种评价态度将直接影响到客户的重复购买行为及向其他潜在客户引荐该企业及其产品的可能。

1.1.6 企业的增值与非增值活动

基于价值创造的标准来看，企业的经营活动分为三种：纯作业、无附加价值的活动和浪费。纯作业是指根据作业将附加价值给予物品；无附加价值的活动是指在现在的作业条件下是必需的，但无附加价值；浪费是指作业中不必要的且不能够为终端产品提供增值的任何活动。

从精益的角度看，纯作业属于增值活动，无附加价值的活动和浪费属于非增值活动。

1. 增值活动

增值活动，是指改变形状、改变质量以及组装等能够产生附加价值的活动。站在客户立场上，只有四种增值活动：使物料变形、组装、改变性能、部分包装。通俗来讲，增值活动主要指客户愿意付钱的活动，即能直接给企业带来利润的活动。

2. 非增值活动

非增值活动，是指不产生附加价值的活动，即不增加产品功能、不增加产品品质的活动，其对最终产品及客户没有意义的行为。通俗来讲，就是客户不愿意付钱的活动，即无法直观地给企业带来利润的活动。

1.2 价值流及价值流图分析

1.2.1 价值流的概念及其特点

1. 价值流的概念

价值流，通常是指企业生产制造过程中，从原材料转变为成品，并赋予其价值的全部活动，其中包括从供应商处采购原材料并运送至企业现场，企业对其进行加工后转变为成品，再由销售交付于客户的全部过程。除了原料到成品的物料流以外，企业内部、企业与供应商、企业与客户之间的信息沟通所形成的信息流也是价值流的一部分，即价值流包括物料流和信息流两部分内容。

企业价值流的活动范围可以包括：①从原材料到成品的生产流程；②从概念到正式发布的产品设计流程；③从订单到交付的业务流程。

一个完整的价值流包括增值活动和非增值活动，如企业供应链中的不同供应商之间的沟通、物料的运输、生产计划的制订和实施、原材料到产品的物质转换、交付于客户的方式等。其中，非增值活动又可分为不增值活动与必要但不增值活动。

2. 价值流的特点

价值流具有以下三个明显的特点：

1）隐蔽性。价值流并不直接显示在整个供应链的运作过程中，需要流程规划、工艺质量、生产制造甚至客户等相关人员去挖掘。

2）连续性。价值流在供应链上是一环扣一环，连续不断地进行的。

3）周期性。任何产品都有其周期性（生产制造、销售等），而价值流亦会随着产品的周期性显示其运作的周期性。

1.2.2 价值流图的概念、意义与构成

1. 价值流图的概念

价值流图（Value Stream Mapping，VSM），又称价值流程图，即价值流的图示。具体来说，价值流图就是用简单的标准图形或图标表示出企业产品从原材料

到成品的所有生产制造过程的信息流程、物流流程与生产顺序的运作状况。它所展示的是当前产品通过其基本生产过程所要求的全部活动，这些活动包含增值的和不增值的两部分，包括从产品最基本的原材料阶段一直到产品交付客户的全部过程。

据相关资料记载，1980 年，价值流图由日本丰田公司的两位首席工程师大野耐一和新乡重夫率先运用，目的是提高生产效率。发展至今，价值流图已成为丰田生产系统框架下的一种用来描述物流和信息流的形象化工具。

2. 价值流图的意义

价值流图存在的最大的价值及意义就是可以帮助人们以系统性、全局性的角度寻找到生产过程中的各种浪费（不增值的活动），并且消除它。价值流图对生产制造过程中的产品加工时间、设备故障停机时间、生产计划下达、在制品库存、原材料流动、信息流动等情况进行形象化、数字化描述，通常包括对当前状态（企业当前实际状态）和未来状态（企业未来设想状态）两个状态的描述。价值流图的形象化描述，能够帮助人们识别目前和未来的价值状况，发现生产过程中存在的问题，并寻找改善机会。同时，价值流图的描述也有利于对生产流程进行指导优化。

3. 价值流图的构成

价值流图主要由 6 部分构成，如图 1-2 所示。

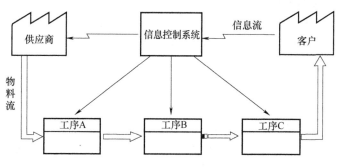

图 1-2　价值流图构成

1）供应商——为企业制造产品提供原材料、零部件的个人或企业。

2）信息控制系统——公司内部运营管理系统，如 ERP（企业资源计划）、MES（制造执行系统）、APS（高级计划与排程）等。

3）物料流——主要指公司内部生产线物流，一般由人、机、料三者构成。

4）信息流——客户发出信息，如提交订单、到货数量及频次等。

5）工序——产品生产加工达到某一特定结果的特定步骤。

6）客户——提出需求并购买企业产品的个人或企业。

1.2.3 价值流图的特点

价值流图共有 8 个显著特点，具体如下：

1. 覆盖整个生产流程

价值流图覆盖整个生产流程，它可以帮助我们全面了解企业整个生产流程，而不是局部流程或单个工序，比如冲压、焊接、涂装、装配等。

2. 显示"流动"

价值流图，重在一个"流"字，通过它，我们可以看到产品的流动，包括物料流动和信息流动。创建产品增值的流动，是我们精益改善的目标之一。

3. 揭示浪费源头

价值流图不仅能够帮助我们发现整个生产流程中存在的各种浪费，还能帮助我们找到价值流中浪费的源头。这对消除生产中的浪费有非常重要的意义。

4. 有助于制订改善计划

价值流图将精益生产的技术和思想串联起来，是制订改善计划的基础。它帮助我们设计"门到门"的运作流程，并形成一个综合的、系统的改善计划，避免参与者仅选择个人想做的事。

5. 有助于理解改善计划

价值流图能够帮助我们更清楚地理解价值流的改善计划，以便于和其他部门充分沟通。否则，许多操作上的细节将很难确定。

6. 有助于全面审视问题

价值流图可以帮助我们把生产流程中的信息流和物料流联系起来，可以帮助我们全面地审视生产流程中存在的各类问题。

7. 量化改善进度和改善效果

价值流图是一个定量工具，通常情况下，量化的数据可以帮助我们创造一种紧迫感，同时，也能用来作为改善前后的效果评估依据。

8. 有助于改善计划的落实

价值流图能为我们带来的价值远超过其他定量的工具（比如工厂布置图），它能给我们提供非增值步骤、生产交付周期、移动距离、库存等定量数据，还能够进一步帮助我们列出如何落实改进的计划。

1.2.4 价值流图常用符号及绘制工具

除了具备图示功能之外，价值流图还是一项沟通工具。因此，价值流图的绘制必须有其统一符号及其含义，以更准确、清晰地表达其含义。

价值流图常用符号如图 1-3 所示。

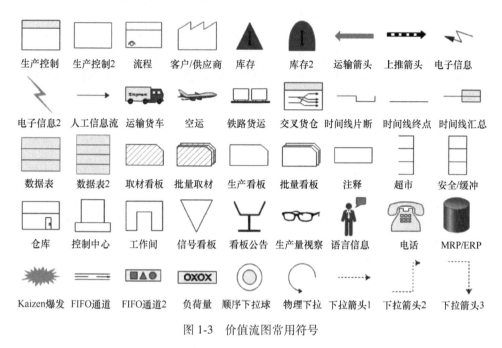

图 1-3 价值流图常用符号

注意，各企业可以根据实际情况增添一些与自身产品相关的图标信息，但整个企业各类图标信息的含义必须一致。

价值流图的绘制有多种方法，常见的有手工铅笔绘制、Auto CAD 软件绘制、ED Edraw 绘图软件绘制和 Microsoft Visio 绘图软件绘制等。

手工铅笔绘制是最传统的绘制方法，也是最便捷、最易修改、最适合现场绘制的方法。尽管现在有了计算机绘制软件，但是仍然有很多的价值流图绘制者喜欢使用手工铅笔绘制价值流图。

ED Edraw 绘图软件和 Microsoft Visio 绘图软件都有专门的价值流绘制模块，该模块有标准的常用符号库，并支持价值流图符号的自定义创建，用户可直接拖放使用，并为用户提供免费的价值流图模板作为参考。另外，ED Edraw 绘图软件还支持高保真的图片、PDF、Word、HTML 网页、SVG 矢量图等的导出，打印共享便利。

1.2.5 价值流图分析的概念

价值流图分析，是指对企业产品生产制造全过程中的价值流现状进行分析，即对"价值流当前状态图"进行分析。价值流图分析是一种用于企业产品生产制造流程中绘制物料流动和信息流动的方法，是用于识别问题、制订计划和沟通持续改进活动的工具。

价值流分析从客户一端开始，首先了解客户的需求情况和节拍，然后研究生产制造流程中的每一道工序，从下游追溯到上游，直至原材料供应商。同时，分析每道工序的增值和非增值活动，包括准备、加工、库存、物料的转移方法等，记录对应的时间，了解分析物料流和信息流传递的路径和方法，然后根据分析情况来判别和确定浪费所在之处及其原因，为消灭浪费和持续改善提供目标。最后，根据企业的实际情况设计出新的价值流图，并绘制出一份未来状态图，为以后运作指明方向。

1.2.6　价值流图分析的对象

价值流图分析主要关注的对象为价值流图中的物料（实物）流程和信息（情报）流程。

1. 物料（实物）流程

物料（实物）流程，即从供应商处购入原材料入库开始，随后出库制造、过程检验、成品入库、产品出库，直至产品送达客户手中的过程。

2. 信息（情报）流程

信息（情报）流程，即从接到客户订单或预测客户的需求开始，到使之变成物料采购计划、生产计划、产品发货计划的过程。

进行价值流图分析时，首先要挑选出典型的产品或产品系列，通过现场调研、数据采集等方法获取绘制价值流所需信息，然后根据信息绘制出价值流图，再以价值流图中的信息（情报）流程和物料（实物）流程作为价值流图分析对象进行系统分析，发现当前生产运作系统中存在的问题点、改善点，进而针对问题提出改进措施。

1.2.7　价值流图分析步骤

价值流图分析一般分为九个步骤，如图1-4所示。

1.2.8　价值流图分析输出物

价值流图分析主要输出物有四个，分别是：

1）价值流当前状态图：显示生产运作系统当前状态下的物料流动情况和信息流动情况。

2）价值流图分析报告：识别出生产运作系统当前存在的各种系统性问题。

3）价值流未来状态图：针对生产运作系统当前存在的各种系统性问题，根据精益改善策略设计的未来价值流图，显示改善后理想物料流动情况和信息流动情况。

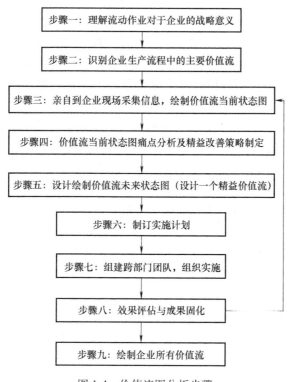

步骤一: 理解流动作业对于企业的战略意义

步骤二: 识别企业生产流程中的主要价值流

步骤三: 亲自到企业现场采集信息, 绘制价值流当前状态图

步骤四: 价值流当前状态图痛点分析及精益改善策略制定

步骤五: 设计绘制价值流未来状态图 (设计一个精益价值流)

步骤六: 制订实施计划

步骤七: 组建跨部门团队, 组织实施

步骤八: 效果评估与成果固化

步骤九: 绘制企业所有价值流

图 1-4 价值流图分析步骤

4) 价值流改善行动计划: 从价值流当前状态达到价值流未来状态所需要开展的精益改善计划, 指导精益改善的实施。

1.2.9 价值流图分析的作用与意义

使用价值流图分析, 意味着对企业的生产全流程进行研究, 而不是只研究单个过程; 是针对全流程进行改进, 而不是仅仅对局部进行优化。

价值流图分析可以显示某一特定价值流的细节图, 与流程图不同的是它同时显示了物料(实物)和信息的流动以及两者之间的联系。通过价值流图分析, 可以识别组织中存在的各种浪费以及改进的机会, 可以帮助企业对其生产运作系统进行系统性精益化变革, 提升生产运作系统运行效率。

价值流图分析的主要作用如下:

1) 可以分析生产运作系统整体存在的问题。一般, 企业开展改善活动往往是各个部门各自为战, 每个部门都是把改善的范围局限于本部门。尽管每个部门都付出了很多努力、做了很多改善工作, 但都是 "点" 的改善, 从整个生产运作系统来看, 改善效果并不明显。价值流图分析是从全局角度对企业整个生产运行系统进行分析，有助于找出生产运作系统整体存在的问题，以指导企业开展系统性改善。

2）可以分析库存与生产计划之间的联系。库存是万恶之源，也是生产七大浪费中最大的浪费，严重影响生产运作系统的运行效果。库存，往往是不合理生产计划的产物。价值流图分析有助于企业分析出库存问题与生产计划之间的关系，为库存问题改善提供支持。

3）可以分析浪费发生的根源。价值流图分析是一种系统性的生产过程可视化工具，它可以将企业某种产品或产品系列生产过程中的物料流动、信息流动系统性的可视化出来，便于辨识和确认浪费环节和浪费产生的根源。

4）可以提供广泛沟通的平台。价值流图可以揭示生产运作系统中各个环节的运行情况及彼此之间的关系，人们使用具有特定含义的统一符号绘制价值流图，只要明白符号的含义，任何人都能轻松读懂价值流图，这样，企业各部门在进行跨部门之间的改善时，就有了一个沟通的平台。

5）可以提供改善的优先次序。价值流图能够清晰地揭示出物料在哪些部门、哪些工序停滞时间长。周期最长的部门就要优先改善，这样就避免了只挑容易的进行改善，从而明确了改善的优先次序。

6）可以评价生产运作系统运行效果。价值流图以量化的形式，从增值与浪费的角度对生产运作系统进行分析，可以帮助企业对其生产运作系统运行效果进行全局性、系统性量化评价。

精益生产运作系统概述

2.1　生产运作系统

2.1.1　生产运作的概念

1. 生产运作的定义

生产运作，是指将输入（生产要素）转化为输出（产品或服务）的过程，也即创造产品和提供服务的过程。

输入是由输出决定的，生产什么样的产品和提供什么样的服务，决定了需要什么样的生产要素投入。生产要素一般包含：原材料、能源和信息等。

2. 生产运作的职能

生产运作是一切社会组织最基本的活动。社会组织的基本职能有三项：生产运作、营销和财务，如图 2-1 所示。

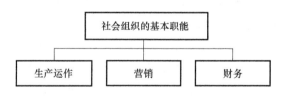

图 2-1　社会组织的基本职能

三项基本职能不是彼此孤立的，而是相互依存的。通过营销渠道发现市场需求是进行生产运作活动的前提，有了资金和生产某种产品及提供某种服务的能力，如果该产品或服务没有市场，那将是毫无意义的；有了资金和市场，但却生产不出来产品或提供不了服务，也只能眼睁睁地看着市场被别人占领；有了市场和生产能力，但没有资金购买原材料、支付员工工资，显然也是不行的。

三项基本职能以及组织的其他职能，都是组织不可缺少的，且每项职能都依赖于其他职能而存在。因此，在进行生产运作系统研究时，必须要考虑生产运作职能与其他职能之间的关系。

3. 生产运作类型分类

众所周知，不同企业的产品和服务千差万别，产量大小也相差悬殊，不同产品的工艺过程复杂程度和难易程度差别巨大，如何按照其基本特征将其分类，以把握各种生产运作类型的特点和规律，是开展生产运作系统设计的基本前提。

通常，我们根据产品或服务的专业化程度来划分生产运作类型。

一般情况下，产品或服务的专业化程度是通过产品或服务的品种数多少、同一品种的产量大小和生产的重复程度来衡量的。显然，产品或服务的品种数越多，每一品种的产量越少、生产的重复性越低，则产品或服务的专业化程度就越低；反之，产品或服务的专业化程度越高。

按产品或服务专业化程度的高低，可以将生产运作划分为大量生产、单件生产和成批生产三种生产类型。

1）大量生产。大量生产品种单一，产量大，生产重复程度高。比如美国的可口可乐公司只生产碳酸饮料、中国的老干妈公司只生产油制辣椒酱，就是非常典型的大量生产的例子。

2）单件生产。单件生产与大量生产相对立，是另一个极端。单件生产品种繁多，每种仅生产一台，生产的重复程度低。比如服装个性化定制、宇宙飞船建造，就是单件生产的典型例子。

3）成批生产。成批生产介于大量生产与单件生产之间，即品种不止一种，每种都有一定的批量，生产有一定的重复性。在当今世界上，单纯的大量生产和单纯的单件生产都比较少，一般都是成批生产。由于成批生产的范围很广，因此又通常将它划分成大批生产、中批生产和小批生产三种。

由于大批生产与大量生产的特点非常相近，所以，习惯上合称为"大量大批生产"。同样，小批量生产的特点与单件生产相近，习惯上合称为"单件小批生产"。有的企业，生产的产品品种繁多，批量大小的差别也很大，习惯上称为多品种小批量生产。大量大批生产、单件小批生产和多品种小批量生产的说法比较符合企业的实际情况。成批生产的分类如图2-2所示。

对于服务性生产，也可以划分为与制造性生产类似的生产类型。烧烤食品，可以看成单件小批生产，因为每一个人对烧烤口味的要求不一样，烧烤方法也不一样；自助餐，菜品都是一样的，可以看成大量大批生产。中小学教育，可以看成大量大批生产，因为课程、课本相同，教学大纲也相同；大学本科生的教育可看成中批生产，因为专业不同课程设置不同，但每个专业都有一定批量；硕士研究生只能是小批生产，而博士研究生则是单件生产。

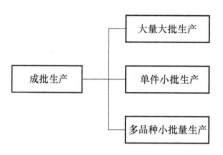

图 2-2　成批生产的分类

4. 不同生产运作类型的特点

不同生产运作类型对产品设计、工艺设计、生产组织和生产管理的影响是不同的，因而导致生产效率上的巨大差别。一般来讲，大量大批生产容易实现高效率、低成本与高质量，单件小批生产则难以实现高效率、低成本与高质量。

（1）大量大批生产运作特点　大量大批生产的品种数少、产量大、生产重复程度高，这一基本特点使它具有以下几个方面的优势：

1）产品设计方面。由于是大量大批生产，产品图样一次设计，可以多次使用或小幅度修改后使用，不仅大大减少了设计工作量，还节省了产品设计时间和产品设计人员。

2）工艺设计方面。由于产品图样不变或变化小，产品结构相对稳定，可以设计标准制造工艺。标准制造工艺经过反复生产验证和使用验证，其质量可靠性不断提高。另外，由于减少甚至消除了重复工艺设计工作，不仅大大减少了工艺设计的工作量，缩短了工艺准备周期，而且还节省了工艺设计人员。同时，由于产量大、生产重复程度高，还可以设计专用、高效的工艺装备，便于且宜于精确制定材料消耗定额，减少了原材料消耗。

3）生产组织方面。由于是大量大批生产，工作的专业化程度和重复程度高，工人操作简化，可推行精细化分工和标准作业方法，提高工作效率。另外，工作的专业化程度和重复程度越高，越容易实现流水化生产和自动化生产，宜于购置专用高效设备，采用流水线和自动线等高效的组织生产形式。

4）生产管理方面。便于且宜于制定准确的工时定额，有利于开展标准化管理。由于产品品种及产量稳定，原材料毛坯变化小，易与原材料供应厂家和协作厂家建立长期稳定的合作关系，质量与交货期更容易得到保证。例行管理多，例外管理少，计划、调度工作简单，生产管理人员易熟悉产品和工艺，易掌握生产进度。

由于大量大批生产具有上述优势，它可给企业带来很多好处：①从设计到出产的整个生产周期短，因此加快了资金周转。大量大批生产一般是备货型生产，生产周期短使得客户的订货提前期也短，从而加快了产品的生产速度。②用人少，机械化、自动化水平高，产出率高，劳动生产率高。③人力、物力消耗少，成本低。④产品质量高而稳定。

（2）单件小批生产运作类型特点　单件小批量生产品种繁多，每一品种生产的数量很少，生产重复程度低，这一基本特征带来了一系列问题。

1）产品设计方面。每生产一种新产品都需要重新设计产品图样，或需要在类似产品图样上做大量修改。因此，产品设计工作量大，设计周期长，所需要的产品设计人员也多。由于产品图样设计的合理性和科学性得不到制造过程和使用过程的检验，设计质量也不容易提高。

2）工艺设计方面。由于产品图样是重新设计的，生产工艺和部分工艺装备也需要重新设计，工艺设计工作量大，设计周期长。由于生产重复程度低，材料消耗定额也不易或不宜准确制定。另外，由于生产工艺得不到反复验证，工艺质量不易提高，需要的工艺设计人员也多。

3）生产组织方面。单件小批量生产，工作的专业化程度和生产重复程度低，无法进行精细化分工，只能进行粗略分工。另外，单件小批量生产只适用于使用通用设备，换产换模时间长、生产效率低。而且，生产设备无法采用流程型布置，只能采用功能型布置，零件转运路线长、转运工作量大。

4）生产管理方面。只能粗略制订工时定额。原材料、毛坯种类变化大，不易建立长期稳定的协作关系，质量与交货期不易保证。计划、调度工作复杂，例行管理少，例外管理多，需要管理人员多。

由于以上特点，单件小批生产容易造成以下问题：①产品制造周期长，资金周转慢，客户订货提前期长；②用人多，生产效率低，劳动生产率低；③成本高；④产品质量不易保证。

随着市场经济的高速发展，多品种小批量生产将会是未来主流生产运作方式。企业需在进行生产运作系统规划设计时，充分运用精益生产思想工具，进行精益化生产运作系统设计，实现多品种小批量生产方式下，短周期、快交付、低成本、高质量的客户要求。

2.1.2　生产运作系统的定义与职能

1. 生产运作系统的定义

生产运作系统是由人和机器构成的、能将一定输入转化为特定输出的有机整体，包括拥有各种不同技能的人、各种不同功能的机器和厂房以及使其能够运行起来的资金。生产运作系统是人的组织、物的配置和资金运筹的协调运作的统一体。

生产运作系统是由人设计建造的，它可以按照需要进行构造和重构，以使它能够更好地适应外界环境的剧烈变化。

企业生产运作系统有狭义和广义之分。

狭义的生产运作系统，有时也称为制造系统，是指直接进行产品的生产加工或提供服务的过程，其工作直接决定着产品或服务产出的类型、数量、质量和生产运作费用。

广义的生产运作系统除上述内容外，一般认为还应包括企业中的产品设计、工艺设计、布置设施设计、生产运作的供应与保证、生产运作计划与控制等子系统。本书所指生产运作系统是广义的生产运作系统。

2. 生产运作系统的职能

生产运作系统是一个投入—产出系统，其职能就是将一系列投入转化为社会和客户所需要的产出。

使转化过程具有增值性是生产运作系统的基本功能，增值是描述投入系统的成本与系统产出所形成的价值之间的差额。生产运作系统的主要职能体现为物质与能量的增值转化过程，即对投入的人、财、物、信息等各种资源进行加工转化，以提供社会和客户所需要的产品或服务的过程。

转化是一个增值过程，它使产出的价值高于投入的价值，这种增值转化需要通过生产运作系统米实现，即生产运作系统是增值转化的媒介和载体，生产运作系统的运行效果直接决定了转化过程的增值比例和生产运作水平的高低。因此要想实现生产运作投入最少，产出最多，转化效果更增值，需要针对这种转化设计一套高效的生产运作系统。

2.1.3 生产运作系统构成要素

生产运作系统有两类要素构成：硬件要素和软件要素。

1. 硬件要素

生产运作系统的硬件要素，即构成生产运作系统主体框架的要素。其主要包括：①生产技术；②生产设施（设备、厂房等）；③动力设施（水电风气设施）；④生产能力；⑤生产系统的集成等。硬件要素是构成生产运作系统框架的物质基础，也是建设生产运作系统资金投入最大的部分。

2. 软件要素

生产运作系统的软件要素，即在生产运作系统中支持和控制系统运行的要素。其主要包括：①人员组织；②生产计划管理；③物料供应管理；④仓储管理；⑤质量管理；⑥设备管理等。软件要素是构成生产运作系统框架的管理基础，也是生产运作系统顺利运行的重要保障。

2.1.4 生产运作系统规划设计的目的及意义

1. 生产运作系统规划设计的目的

生产运作系统追求高效、灵活、准时地生产合格产品和（或）提供满意服务，即投入产出比的最大化。因此，生产运作系统规划设计就显得尤为重要。对生产运作系统进行精益化规划设计，打造高效、灵活、准时的精益生产运作系统，将有利支撑生产运作系统实现增值转化能力最大化。也可以说，企业生产运作系统精益化水平的高低，直接影响企业生产运营水平的高低。

2. 生产运作系统规划设计的意义

生产运作系统，是企业价值形成的主要载体。对生产运作系统进行精益化规划设计，可以显著提升企业营运水平和企业竞争力。生产运作系统规划设计主要意义如下：

1）精益化的生产运作系统可以确保生产运作系统的高效运作，为企业高质量、高效率完成客户对产品品种、质量、产量、成本、交期等各项要求提供支撑。

2）精益化的生产运作系统从系统的角度高效利用企业各项制造资源，从而帮助企业提高生产率、降低生产成本、缩短制造周期、减少资金占用，提升企业经济效益和市场竞争能力。

生产运作系统规划设计对企业有着重要的战略性意义，它决定着企业的运营水平，乃至决定着企业的生存和未来发展。

2.2 精益生产运作系统

2.2.1 精益与精益生产

1. 精益的概念

精，即少而精，不投入多余的生产要素，只在适当的时间生产必要数量的市场急需产品（或下道工序急需的产品）；益，即所有经营活动都要有益有效，具有经济性。

精益，就是通过不断消除企业生产运作系统中的各种浪费，提升生产效率、提高产品质量、减少库存和资金占用、缩短产品交付时间，从而以最小的投入满足客户的需求，并获取最大的回报。

2. 精益生产的概念

精益生产（Lean Production，LP）是美国麻省理工学院数位国际汽车计划组织的专家对日本丰田生产方式的赞誉称呼。

精益生产是通过系统结构、人员组织、运行方式和市场供求等方面的变革，使生产运作系统能很快适应客户需求的不断变化，并能使生产过程中一切无用、多余的东西被精简，最终达到土地、厂房、设备、物料、人员、时间和资金等资源被充分利用的生产方式。

简言之，精益生产是一种资源投入少、资源利用率高、投入产出比高的生产方式。它是继大量生产方式之后，对人类社会和人们的生活方式影响最大的一种生产方式，是新时代工业化的象征。

3. 精益生产的特征

在早期论述精益生产的《改变世界的机器》一书中，研究者们从工厂组织、产品设计、供货、客户和企业管理等五个方面论述了精益生产企业的特征。

归纳起来，精益生产的主要特征为：对外以客户为"上帝"，对内以"人"为中心，在组织机构上以"精简"为手段，在工作方法上采用"并行工程"，在供货方式上采用"准时供货"方式，以"零缺陷"为最终工作目标。其具体如下：

1）以客户为上帝。精益生产要求企业的一切活动均以适应市场变化、满足客户需求为出发点，客户需要什么就生产什么，客户需要多少就生产多少，并从价格、质量、交货速度、售后服务等各个方面满足客户的需求。

2）以人为中心。这里所说的"人"包含整个生产运作系统涉及的所有人员，包括本企业各部门各层级员工，也包括物料供应商、销售代理商和客户等。人是企业生产运作系统的重要组成部分，也是开展生产运作系统优化改善的主体。精益生产以人为中心，就是把人放在生产运行系统优化改善的主体位置，通过对人的尊重、培养、激励和认可，充分发挥其优化改善生产运作系统的主观能动性、集体责任感和团队协作精神。

3）以精简为手段。精简是指留下必要的，去掉不必要的。精益生产着重强调对组织机构、产品开发过程、产品制造过程、作业准备流程、生产计划流程、综合管理流程等方面的精简，以提高生产运作系统运行效率。

4）并行工程。精益生产非常注重在工作中运用并行工程。并行工程是一门对产品及其相关过程（包括制造过程和支持过程）进行并行、集成化处理的系统方法和综合技术。通俗来讲，并行工程就是强调各项工作并联进行，相较于串联，可以大大减少等待浪费、提高工作效率。

5）准时供货方式。准时供货，即强调物流平衡，物料供应商要按照企业实际需求进行按品种、按数量、按时间供应。精益生产除了对企业外部供应商要求准时供货，在企业内部同样要求准时供货，即要求上一道工序加工完的零件可以立即进入下一道工序。准时供货方式，可以保证生产运作系统实现最小的物料库存和最少的现场在制品。

6）"零缺陷"工作目标。精益生产所追求的最终目标不是"尽可能好一些"，而是"零缺陷"，即最低的成本、最好的质量、最少的库存、最短的时间。当然，这样的境界是最理想的境界，但企业应无止境地去追求这一目标，如此才会使企业永远保持进步，永远走在他人的前头。

2.2.2 精益生产改善循环

精益生产改善循环遵从精益生产五大原则，即：定义价值、识别价值流、价值流动、客户拉动、持续改进。一般情况下，精益生产改善都遵从以上改善循环，即从定义价值开始，到持续改进结束。需要注意的是，整个精益生产改善循环不是一次即止的活动，本次改善循环的结束，同时也是下一次改善循环的开始，它是一个持续循环、不断提升的改善过程，如图 2-3 所示。

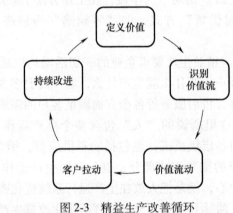

图 2-3　精益生产改善循环

1. 定义价值

价值是每一个有目的的活动中不可缺少的因素，它指导我们在目标设定、选择达到目标的手段、估计风险中做出决定。精益生产的目的是为客户更好地创造价值，因此，精益生产改善循环的第一步就是定义价值。

企业因客户而存在，也因能满足最终客户的需求而具有价值，因此，精益生产中的价值只能用最终客户需求来定义。也就是说，价值，只有在由具有特定价格、能在特定时间内满足客户需求的特定产品来表达时才有意义，即企业能准时化满足客户需求的活动才有价值。

2. 识别价值流

价值定义后，就可以识别价值流了。

价值流是指从原材料转化为成品，并给它赋予价值的全部活动，这些活动包括从概念到投产的设计过程；从订货到送货的信息过程；从原材料到产品的转化过程；全生命周期的支持和服务过程。

一个完整的价值流包括增值和非增值活动。识别价值流，是指根据价值定义，在价值流中甄别出哪些是真正增值的活动，哪些是非增值活动。识别价值流的目的就是发现浪费和消灭浪费。

3. 价值流动

精益生产思想要求生产运作系统中创造价值的各个活动（步骤）流动起来，强调的是不间断地"流动"。因此，在精益生产改善循环中，识别价值流之后，就要重点关注如何更好地实现价值流动。价值流动也是精益生产改善循环中的核心环节。

对生产运作系统而言，价值流动，就是指让客户实际需求的产品"准时"通过整个生产过程，准时交付给客户。它有三方面含义：①价值流动关注的是客户实际需求；②价值流动强调产品的"准时"流动，即不快也不慢，正好满足客户实际需求；③价值流动的关键指标是速度。

为了使价值流动起来，需要重点从以下几个方面对生产运作系统进行改善。

1）开展生产运作系统规划设计。系统地进行工厂布局规划设计、仓储布局规划设计、物流路径与物流方式规划设计、生产线布局规划设计、作业流程设计、生产能力规划、工序平衡设计等，提高生产运作系统均衡性，促进价值流"准时"流动。

2）消除产品缺陷。产品缺陷造成的不良品、废品以及返工、返修都造成价值流中断，甚至回流。因此企业需要通过开展全面质量管理（Total Quality Management，TQM）、完善质量保证体系等工作提高产品质量水平，减少因产品缺陷影响价值流动的情况出现。

3）消除设备非计划停机。设备非计划停机是阻碍价值流动的另一个重要因素，特别是流水式生产，一旦设备出现非计划停机，价值流动就会停止。企业需要通过实施全员生产维护（Total Productive Maintenance，TPM）、开展设备预知性维修等方式降低设备故障率，最大限度地消除设备非计划停机，保障价值的准时流动。

4）实施准时化物料供应。物料断供、错供、迟供等现象，也是阻碍价值流动的一个重要因素。企业需要通过改善物料供应模式来实现准时化物料供应，消除因物料供应问题导致的价值流动不畅问题。

4. 客户拉动

要想在价值流动阶段实现价值的准时流动，就必须要精准确定价值流动的速度。利用客户拉动来确定价值流动的速度，是精益生产思想的又一重要体现。

客户拉动，是指按照客户需求来确定价值流动速度，精确地在客户需要的时间得到需要的产品或服务，而且数量也刚好。

客户拉动，将企业生产排程和客户需求直接对应，消除了过早、过量或过晚、过少的投入与产出，实现了准时化交付。客户拉动更深远的意义在于企业具备了当客户一旦需要，就能立即进行设计、计划和制造出客户真正需要的产品的能力。

另外，需要注意的是，这里的"客户"不仅指企业外部客户，同时也包含了企业内部客户。在生产过程中，上一工序生产的产品是为了满足下一工序的需求，也就是说下一工序就是上一工序的客户，全部的生产链条都是以满足客户需求的理念来驱动的。

5. 持续改进

精益生产的目标是：通过尽善尽美的价值创造过程（包括设计、制造和对产品或服务整个生命周期的支持）为用户提供尽善尽美的价值。

通过以上改善步骤对生产运作系统进行改善，生产运作系统变得"完美"就成为可能。但是，改善不可能一蹴而就，需要持续不断地利用价值流分析等方法找出更隐藏的浪费并进一步改进，每一次改善循环的完成，都是生产运作系统的一次优化，这样的循环逐渐使生产运作系统趋于"完美"。

2.2.3 精益生产运作系统的概念

精益生产运作系统，又被称之为不做无用功的精干型生产系统，是一种运用精益生产思想，以最大限度地减少企业生产所投入的资源、显著降低企业综合运营成本、大幅度提高企业经营效益为主要目标的生产运作系统。

精益生产运作系统通过系统结构、人员组织、运行方式和市场供求等方面的变革，使生产运作系统能快速适应客户需求的不断变化，并能使生产过程中一切无用、多余的东西被精简，最终达到包括市场供销在内的生产各方面最好结果的一种生产运作系统。

2.2.4 精益生产运作系统规划设计核心思想

精益生产运作系统规划设计，是决定企业生产运行能否实现精益生产的首要和关键环节，企业要实现精益生产，就必须从精益生产运作系统规划设计开始。

精益生产运作系统规划设计的核心思想是价值流增值思想。

价值流增值思想，是指运用价值流分析方法，对生产运作系统进行规划设计，打造精益生产运作系统，实现以越来越少的投入——较少的人力、较少的设备、较短的时间和较小的场地，创造出尽可能多的价值的总体目标。

精益生产运作系统规划设计，从系统优化的视角，对企业生产运作价值流进行规划设计，消除一切不产生价值的流程、环节和因素，使创造价值的行为按照客户拉动的连续流动方式进行，打造高效价值流，提升企业生产运作系统价值创造能力。

2.2.5　精益生产运作系统规划设计的主要内容

精益生产运作系统规划设计的主要内容包括：

1）产品图样分解与 BOM 编制。其主要包括产品图样分解、设计 BOM 编制、工艺 BOM 编制等。

2）生产工艺设计。其主要包括工艺流程设计、工艺方案设计、工艺规程设计等。

3）生产设备选型。其主要包括生产设备主要参数选择、设备可维修性选择、设备可操作性选择、设备经济性选择、设备环保性与节能性选择等。

4）生产设施布置设计。其主要包括工艺装备布置、辅助生产设施布置等。

5）标准工时设计。其主要包括动作单元划分、作业测时、宽放率设计等。

6）物料消耗定额设计。其主要包括物料品种确定、物料规格和材质确定、物料消耗数量标准确定、物料消耗定额文件编制与评审下发等。

7）PFMEA 设计。其主要包括 PFMEA 项目实施的范围确定、产品过程结构分析、产品过程功能分析、产品过程失效分析、产品过程风险分析、过程优化、PFMEA 文件编制等。

8）SOP 设计。其主要包括作业 SOP 设计、检验 SOP 设计等。

9）生产运作系统规划设计效果评价。

2.2.6　精益生产运作系统规划设计步骤

精益生产运作系统规划设计从产品图样分解设计开始，按照产品规划及生产全流程进行设计，到精益生产运作系统评价结束，其主要包括：产品图样分解、BOM 编制、产品生产工艺设计、设备精益化选型、设施精益化布置设计、标准工时设计、物料消耗定额设计、PFMEA 设计、SOP 设计、精益生产运作系统评价指标设计等，具体规划设计流程如图 2-4 所示。

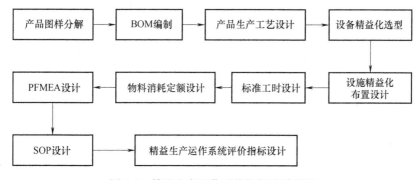

图 2-4　精益生产运作系统规划设计流程

2.3 实践案例：万能数据线精益生产运作系统规划设计要求

兴华公司是一家以生产万能数据线产品为主的企业，近年来市场需求逐年攀升，但由于生产运作系统比较落后，导致公司在产品交期控制、生产成本控制、综合生产效率提升等方面遇到瓶颈，公司利润水平一直徘徊不前。为此，兴华公司决定对其生产运作系统进行规划设计，打造精益生产运作体系，提升其价值创造能力。

本书以兴华公司智能手机万能数据线生产运作系统规划设计项目为例，对精益生产运行系统规划设计方法进行实践应用解读。

1. 产品特征

该产品为 HGU-01 型万能数据线，是兴华公司主打产品，具有给手机充电和数据传输双重功能，其产品设计图样如图 2-5 所示。

该产品规格及性能参数见表 2-1。

表 2-1　万能数据线规格及性能参数表

序号	项目	规格及性能参数	备注
1	输入接口	USB 接口	
2	输出接口 1	Lightning 接口	苹果系列智能手机
3	输出接口 2	Micro-B 接口	
4	输出接口 3	Type-C 接口	华为系列智能手机
5	线长	1.5m	
6	输入电压	100~240V	
7	输出电压/电流	5V/2A	
8	材质	PVC 外套/塑料外壳	
9	毛重	100g	
10	颜色	白色/黑色	

2. 年度销量预测设计

年度产品销量预测见表 2-2。

3. 产线自动化程度设计约束

产线设计以人机结合作业为主要作业模式，关键工序可以使用自动化程度较高的设备，物料准备、物料配送均采用人工。

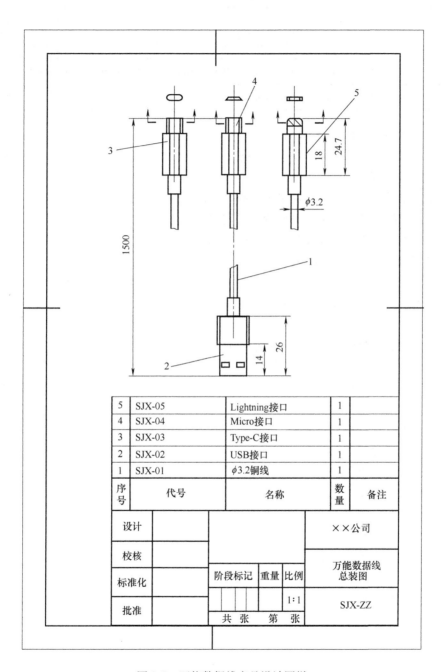

5	SJX-05	Lightning接口	1	
4	SJX-04	Micro接口	1	
3	SJX-03	Type-C接口	1	
2	SJX-02	USB接口	1	
1	SJX-01	φ3.2铜线	1	
序号	代号	名称	数量	备注

设计			××公司		
校核			万能数据线总装图		
标准化		阶段标记	重量	比例	
批准				1:1	SJX-ZZ
		共 张 第 张			

图 2-5 万能数据线产品设计图样

表 2-2　万能数据线年度销量预测表　　　　（单位：根）

月份	1月	2月	3月	4月	5月	6月	7月	8月	9月	10月	11月	12月
白色	6000	5000	8000	5000	7000	9000	10000	8000	7000	9000	7000	8000
黑色	5000	3000	6000	5000	5000	7000	8000	7000	4000	8000	3000	4000
合计	11000	8000	14000	10000	12000	16000	18000	15000	11000	17000	10000	12000

4. 原材料及成品仓储条件约束

1）原材料存储采用传统立体货架，需要人工出入库、人工分拣、人工派送物料至各个作业工位。

2）原材料仓储最大存储量为 5000 套万能数据线齐套物料。

3）成品存储采用传统平面货架，需要人工出入库。

4）成品仓储最大存储量为 1000 套万能数据线成品。

5. 厂房形状及面积约束

厂房已建成，无法更改形状及尺寸。厂房为规则长方形，长 60m，宽 30m，高 6m，总净面积 1800m²。原材料库房、成品库房、生产线均需布置在该厂房内。

6. 精益生产运作系统效果评价指标

一般，企业往往从时间、成本、质量、效率等四个维度对生产运作系统运行效果进行评价（详见第 10 章讲解），常用的精益生产运作系统效果评价指标如下：

1）产品加工制造周期。

2）生产交付周期。

3）生产运作系统增值比

4）原材料库存。

5）在制品库存。

6）综合废品率。

7）产品一次合格率。

8）直通率。

9）人均产能。

10）生产线平衡率。

第 ◆ 3 ◆ 章

产品图样分解与BOM编制

3.1 产品图样分解

3.1.1 产品图样概述

1. 产品图样的概念

产品图样，是指产品设计人员利用各种线条绘制的，用以说明产品的造型及结构的图案。即，在产品设计阶段，产品设计人员为了能够充分准确表达产品及其零部件的结构组成、装配位置关系、产品技术要求等信息绘制出的技术图样。

2. 产品图样的类型

一件产品一般由多层结构组成，包括部件、组件、套件、零件等（如图 3-1 所示），这种结构关系都可以反映在产品图样上，形成了不同层级的产品图样。

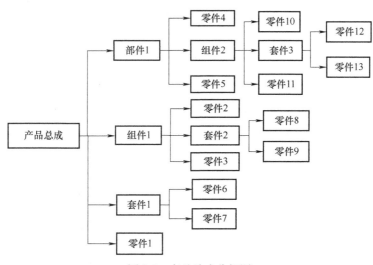

图 3-1 产品总成分解图

产品图样的类型可分为成品级图样、部件级图样、组件级图样、零件级图样等，而且各级图样之间存在一定的结构和功能关系。这些图样也是通过产品总装图逐层级分解绘制而来的。

也就是说，一件产品的全套产品设计图样通常由成品总装图样、部件图样、组件图样和零件图样等组成。

3. 产品图样的构成

产品图样的基本构成包括图形、标题栏和明细栏等几部分，如图 3-2 所示。

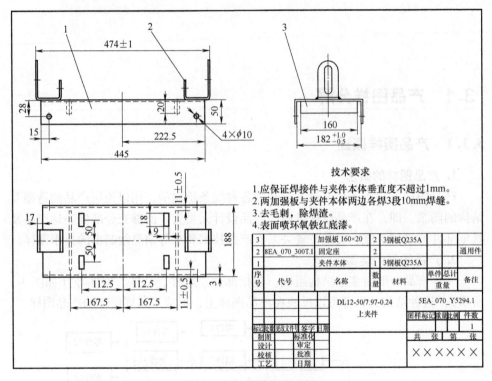

图 3-2　产品图样构成示例

其中，图形部分表示了产品零部件的形状、尺寸、精度、装配关系等几何结构信息；标题栏内容主要描述了产品零部件的名称、代号、材料等基本信息和附属信息；明细栏内容则主要对产品零部件的装配关系以及零部件、标准件的一些简要信息进行描述。

需要注意的是，产品的总装图还含有零部件明细栏说明信息。每当一个产品设计完成以后，通常要求生成产品的综合明细表、产品装配树及其标准件、外协件、通用件、自制件等各种汇总表，这些基本的信息都来自于产品设计图样上的标题栏和明细栏内容，这些内容也为产品设计部门后续编制设计 BOM 提供了基础技术信息。

3.1.2　产品图样分解的目的与意义

1. 产品图样分解的目的

产品图样分解，是指把产品设计图样中未显示的规格尺寸、长度、厚度等信息都清晰地描述出来，并把各个构件间的位置关系、角度关系等都清晰的计算出来。对图样进行分解也是对设计图样进行的细化过程。

一般，产品设计人员通过将产品设计图样从总装配图到部件图、组件图、套件图、零件图的逐层分解，达到从设计技术层面将产品的整体结构、局部结构以及最小单元零部件结构进行充分、详细、客观表达的目的。

经过分解后的产品图样，对后续产品制造工艺设计、产品零件加工制造、部件与组件的装配制造、BOM 编制、检验规程设计等，都将起到重要的技术支持作用。

2. 产品图样分解的意义

从整个生产运作系统看，无论产品处于其产品制造流程的哪个阶段，产品图样分解都发挥着非常重要的作用。产品图样分解的重要意义主要体现在以下两个方面。

一是产品图样分解后的详细技术结构表达，明确了产品生产质量要求的技术标准，对产品制造工艺设计、产品零件加工制造、部件与组件的装配制造、BOM 编制、检验规程设计等工作提供了技术支持，也为确保产品质量的稳定性提供了技术依据。

二是产品图样是产品设计的参照，使产品的开发更加严谨和规范，当需要对现有产品进行改进时，产品设计人员在原有部件、组件、零件分解图样的基础上进行结构和技术的改进，将会更加高效便捷。

3.1.3　产品图样分解在生产运作系统价值流中的增值作用

产品图样分解在生产运作系统价值流中的增值作用主要体现在可以缩短产品工艺设计开发周期、降低生产人员作业不良率、有助于产品设计改进和增强客户满意度等四个方面。

1. 缩短产品工艺设计开发周期

产品图样分解是产品设计开发流程中的一项重要工作。通过产品图样分解，产品总装图被分解为零部件图，可以将产品的整体结构、局部结构甚至零件结构详细地表达和说明，有助于产品工艺设计人员及时、充分、详细地了解产品结构组成与技术特性要求。因此，产品图样分解后，将作为产品设计的一项重要信息载体，由产品设计人员传递至产品工艺设计人员，这种信息流动将加快产品工艺设计人员的产品工艺开发与设计进度，对缩短产品工艺设计开发周期起到积极的促进作用。

2. 降低生产人员作业不良率

经过产品图样分解后的零部件图样，将被用于编制生产现场工艺规程、质量控制文件与检验文件、作业指导书等作业指导性文件，对生产作业人员理解产品结构、加工工艺要求、产品质量控制要求、产品质量检验要求和生产作业要求等有很大的帮助作用，从而有利于减少因现场指导性文件缺失或不明确而导致的产品质量不合格现象的发生，对降低生产作业人员作业不良率起到积极的促进作用。

3. 有助于产品设计改进和增强客户满意度

一般，产品设计开发部门负责产品设计图样的分解与存档，这些存档的经分解后的零部件图样将对后期产品结构优化、产品性能优化、产品制造工艺优化、产品可制造性优化等工作提供良好的技术资料支持，有助于企业快速展开并完成产品优化改进工作，对增强客户满意度有很好的促进作用。

3.1.4 产品图样分解步骤与注意事项

产品图样分解步骤主要包括：产品总装图的分解——产品部件图的分解——产品组件图的分解——产品套件图的分解，最后得到产品零件图，如图3-3所示。

图3-3 产品图样分解步骤

1. 产品总装图的分解

产品总装图，是用来表达产品的整体结构、轮廓形状、各零部件间相互关系以及尺寸的图样。虽然产品总装图可以整体表达产品的结构轮廓，但是它不能清晰表达一些零件、部件的架构轮廓，更不能详细指导生产现场产品的生产，因此，产品图样分解的第一步就是对产品总装图进行细化分解。

产品总装图分解步骤如下：首先，读懂图，即依据产品总装图清晰地理解掌握产品的名称、用途、工作原理等基础信息，为后续分解工作奠定基础；其次，分析图，对产品整体结构装配关系进行分析，把功能相对独立的部分整体拆分为部件，把可以拆分为组件、套件以及剩余部分单一连接件作为零件单独存在；最后，绘图，进一步对拆分出的部件、组件、零件进行图样绘制，将总装图分解为部件、组件、零件相对应的部件图、组件图、零件图。

2. 产品部件图的分解

产品部件，是在基准件上装上若干个组件、套件和零件构成的具有一定功能的装配单元。因此，由产品总装图分解出的每个部件还要进一步分解为组件、套件、零件等有关装配单元，并绘制出组件图、套件图、零件图，以此可以更为清晰地表达部件结构，为后续部件的生产装配提供技术支撑。

3. 产品组件图的分解

产品组件，是在基准件上装上若干个零件或套件构成的装配单元。从产品总装图到产品部件图这两个层级分解出的组件依然要分解至套件和零件，并绘制对应的产品套件图和产品零件图。

4. 产品套件图的分解

产品套件，是在基准件零件上装上一个或若干个零件构成的经过一定的工艺（铆接、焊接等）形成的永久性连接单元。虽然套件是若干零件经过一定工艺处理形成的不可拆卸单元，但在经工艺处理处理前还是零件状态，因此套件还要进一步分解为产品的最小组成单元——零件，并绘制出产品零件图，以便于后续生产加工。

5. 产品图样分解的注意事项

① 产品图样分解前要充分了解产品的结构组成、功能用途等信息，为图样的合理、科学分解提供保证。

② 产品图样分解要对产品总装图的视图表达方式、尺寸形位公差、零件配合公差、技术要求、零件数量等信息进行分析，确保产品图样分解准确、无遗漏。

③ 分解出的产品部件图、组件图、套件图及所有零件图，在图样绘制过程中要充分考虑图样名称、图样比例的选择、视图的表达方式、尺寸公差的标注、技术要求的说明等图样信息的描述，力求做到详细、准确、完整的表达零部件技术信息。

④ 分解完成的各类图样应按照企业内部技术图样文件的签审流程经编制、校对、审核、批准后下发至相关部门，为后续开展工艺设计、生产制造等工作的开展提供技术保障。

3.1.5 产品图样分解工程实践案例解析

图 3-4 为机械设备上常用的某种轴承组件图。该轴承组件有轴承座、轴、深沟球轴承、隔套、轴承弹性挡圈等共 5 种零件组成，在组件图上标记了零件安装位置，零件明细表确定了零件的规格型号、技术标准要求、数量、总重量等信息。

现将轴承组件图进行图样分解，图 3-4 中显示有深沟球轴承和轴用弹性挡圈两个标准件，这两个标准件无须再绘制图样，其具体图样、规格尺寸、技术要求直接参照相关国家标准即可。其余轴承座、轴及隔套为自制件，需进行图样分解单独绘制图样明确其具体形状尺寸、公差及技术要求等信息，为后期零件的加工工艺的编制提供技术标准，分解的零件图样如图 3-5~图 3-7 所示。

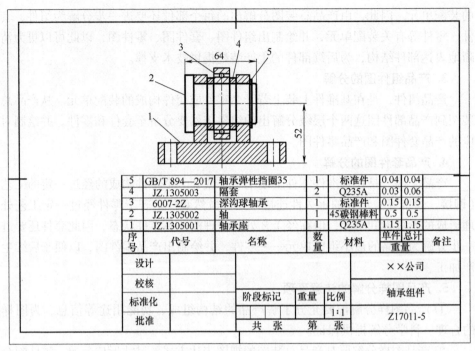

5	GB/T 894—2017	轴承弹性挡圈35	1	标准件	0.04	0.04	
4	JZ.1305003	隔套	2	Q235A	0.03	0.06	
3	6007-2Z	深沟球轴承	1	标准件	0.15	0.15	
2	JZ.1305002	轴	1	45碳钢棒料	0.5	0.5	
1	JZ.1305001	轴承座	1	Q235A	1.15	1.15	
序号	代号	名称	数量	材料	单件	总计	备注
					重量	重量	

设计					××公司
校核					
标准化		阶段标记	重量	比例	轴承组件
批准				1:1	Z17011-5
		共　张	第　张		

图 3-4　某轴承组件图

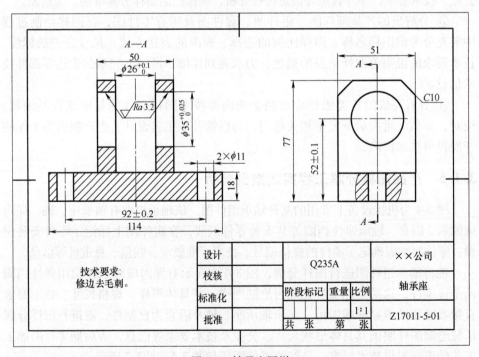

技术要求:
修边去毛刺。

设计				××公司
校核		Q235A		
标准化		阶段标记	重量 比例	轴承座
批准			1:1	Z17011-5-01
		共　张	第　张	

图 3-5　轴承座图样

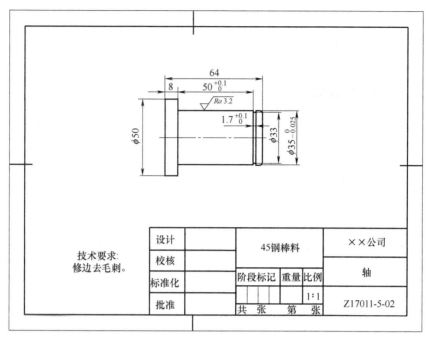

图 3-6 轴图样

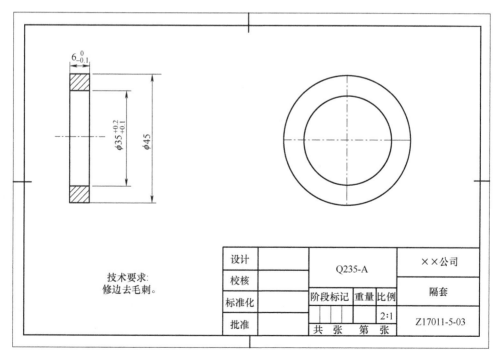

图 3-7 隔套图样

3.2 BOM 编制

3.2.1 BOM 的概念

BOM 作为英文 "Bill of Material" 的简称，从英文直译为中文的意思是 "物料表" 或 "物料清单"。

物料，是指具体的、有形的物体存在，其数量可数或可量化，能够库存、占有和保管。在生产制造行业，"物料" 一词一般包括零部件、原材料、包装材料、生产辅料、半成品、成品等。

BOM 的概念有狭义概念和广义概念之分。

狭义的 BOM，是指用数量记录作业中输入物料和输出物料之间关系的清单（注意：这里所说的 "作业" 不仅指生产作业，还包括检验、包装、运输等作业在内）。在这里，狭义的 BOM 就是人们常说的设计 BOM。设计 BOM 要以产品结构 BOM 的形式输出，也就是要反映 "零件→组件→部件" 这种生产信息的层次结构。通常情况下，设计 BOM 包含的主要数据内容包括：产品编码、名称、规格型号（序列号）、数量等基本信息。BOM 主数据信息构成如图 3-8 所示。

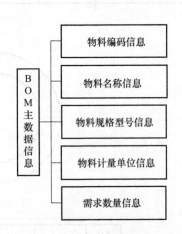

图 3-8　BOM 主数据信息构成

广义 BOM，是指以物料主要数据为中心的产品结构和生产工序相关的标准信息，以及由此派生的历史信息。简而言之，广义 BOM 是在狭义 BOM 的基础上，在面对工艺设计、生产计划调度、物料采购等不同方面的 BOM 信息需求而派生出的其他 BOM 形式。工艺技术部门为了开展工艺设计工作，需要将物料划分到各个工序，形成工艺 BOM 形式。采购部门为了便于开展物料采购工作，需要获取物料价格和采购周期信息，形成采购 BOM 形式。生产计划部门为了实现生产计划的需要对生产现场进行物料配送，形成配送 BOM 形式。无论广义 BOM 派生出什么样的形式，它都依赖于狭义 BOM 的基础结构。

由于广义 BOM 派生出的 BOM 形式种类较多，为避免概念混淆，在本书中未明确指出是广义 BOM 之处，所提到的 BOM 清单概念即认为是狭义 BOM。

3.2.2　BOM 编制的目的与意义

1. BOM 编制的目的

从广义 BOM 概念来看，在生产制造型企业，几乎每个部门的业务都会与 BOM 的管理相关，都希望从 BOM 中获取特定的信息数据用于各自部门的物料管理工作，这就意味着不同的部门编制使用 BOM 的目的是有一定差异的。

1）设计 BOM 编制的目的。产品设计部门最初编制的设计 BOM，不仅满足本部门的工作需要，也为其他部门的 BOM 使用需求提供了根本遵循。一方面，设计 BOM 可以满足产品设计部门在发生产品结构设计变更时获取产品结构信息，另外，在对某个零件进行重新改进设计时，也可以从"设计 BOM"中获取所有零件的信息及其相互间的结构信息，在获取这些信息后，可对其进行重新定义、描述或修改。另一方面，"设计 BOM"也为工艺设计部、采购部、计划管理部等其他部门提供了产品物料的基础信息。

2）工艺 BOM 编制的目的。工艺设计部门可以利用设计 BOM 信息将产品物料按照产品加工工序分类划分，明确各工序物料需求种类和数量，同时可以扩展增加工装、模具的需求信息，以满足工艺设计的要求。

3）采购 BOM 编制的目的。采购部门在设计 BOM 信息的基础上，可以增加不同原材料的采购周期与采购批量等信息，形成新的 BOM 类型—"采购 BOM"。"采购 BOM"为物资采购人员准确、清晰地下达采购计划提供了科学依据。

4）配送 BOM 编制的目的。生产计划部门在工艺 BOM 信息的基础上，根据具体生产作业计划、各生产作业单元（生产线、生产设备）物料需求等信息，编制形成配送 BOM，配送 BOM 为实现物料精准化配送提供支撑。

2. BOM 编制的意义

BOM 的使用，贯穿从产品设计时物料的确定，到物料的采购、物料的仓储管理、物料的配送、产品制造的使用和最终产品的检验交付等全过程。在这一系列过程中，准确的 BOM 信息对提高生产管理系统效率、保证制造过程物料供应、控制产品制造成本等方面都发挥着至关重要的作用。BOM 的使用，涉及生产制造型企业运营管理的各个方面，对企业实现高效率低成本运营有着重大的意义。

3.2.3　BOM 在生产运作系统价值流中的增值作用

BOM 在生产运作系统价值流中的增值作用主要体现在可以降低工艺设计出错率、降低物料采购出错率、提升仓储管理效率、提升客户满意度等方面。

1. 降低工艺设计出错率

产品设计 BOM 与产品设计图样一同作为工艺设计参考的基础性技术文件，对于保证产品工艺设计的合理性、科学性起到至关重要的作用。产品设计 BOM 中清晰详细列出了产品结构所有组成零部件的编码、名称、规格型号、数量等信息。工艺技术人员在进行工艺设计时，只需对这些信息进行审查确认，经确认无误后可将这些信息直接编入工艺文件中，无须工艺技术人员再通过产品图样逐项统计汇总相关信息，提高了工艺文件编制效率，降低了工艺设计出错率。

2. 降低物料采购出错率

企业采购部门的采购人员开展采购业务时，每天需要面对物料编码、物料名称、规格型号、需求数量等信息繁多的各类物料采购需求，稍有疏忽就可能造成物料采购出现错误，从而影响生产的正常运行。采购 BOM 经过产品设计人员、工艺设计人员的校对、审核、批准一系列审批流程后，采购 BOM 中的物料编码、物料名称、规格型号、需求数量等内容已经被精准确定，采购部门的采购人员依照采购 BOM 中的有关信息开展采购业务，方便快捷，物料采购错误率也会大幅度降低。

3. 提升仓储管理效率

企业仓储管理人员面对成百上千种物料的管理，若没有统一的物料标准用于仓储管理，仓库管理将处在一种繁重低效的状态。科学利用 BOM 进行仓储管理，对提升仓储管理效率的作用主要体现在以下两个方面：一是仓库管理人员可以将 BOM 清单直接导入仓储管理软件系统中，依据 BOM 清单中的物料编码、物料名称、规格型号等信息将物料快速分类和货位锁定，可实现物料出入库业务的快速办理；二是仓库管理人员可以依据各个工位的 BOM 清单编制各生产工位所需的物料配送明细，有助于物料配送人员精准高效地将物料配送至生产工位，提高物料配送的及时性和准确度。

4. 提升客户满意度

BOM 不仅包括产品制造过程的物料信息明细，也包括产品交付时产品附件物料信息明细。产品设计人员会依据产品附件 BOM 来编制附件明细表，附件明细表将随产品附件一同交付给客户。在产品交付过程中，企业将依据附件明细中的名称、规格型号、数量等信息进行附件的交付验收，以此保证产品顺利交付。

在这一过程中，BOM 对提升产品交付过程中客户的满意度将起到很好的促进作用。

3.2.4 设计 BOM 编制步骤与注意事项

限于篇幅，本章只对设计 BOM（即狭义 BOM）编制的步骤进行介绍。设计 BOM 编制需要严格遵循相关步骤，如图 3-9 所示。

设计 BOM 编制需要严格遵循以下步骤：制定设计 BOM 结构内容—创建零部件物料层级—物料编码—确定物料名称、描述规格型号等信息—确定物料计量单位和需求数量信息—描述物料其他备用信息—设计 BOM 编制完成后的评审、签审下发。

1. 制定设计 BOM 结构内容

在设计 BOM 编制前，需要产品设计人员根据产品的结构特点、零部件组成的材质、规格型号等信息制定出设计 BOM 结构内容。设计 BOM 结构内容的主数据应包括产品编码、名称、规格型号描述、计量单位、数量等基础属性信息，设计 BOM 编制结构上要求能够显示产品部件、组件、零件之间的母子层级关系，且能够满足其他部门针对设计 BOM 的内容进行信息的扩展，有助于工艺 BOM、采购 BOM 等其他不同类型的广义 BOM 的编制。

2. 创建零部件物料层级

物料层级用来表达物料的组成和结构。创建物料层级，即根据产品图样分解情况对产品所用到的物料进行层级划分。对零部件物料进行分层，便于零部件的检索和重复使用。

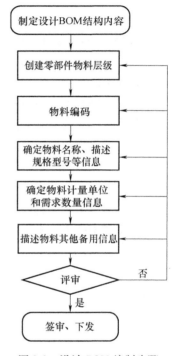

图 3-9 设计 BOM 编制步骤

每个层级表示制造最终产品的一个阶段。通常，最高层为零层。各种产品由于结构复杂程度不同，物料层级数也不同。层级越少，意味着每个层级所包含的零部件数量就越多，反之，层级越多，每个层级所含的零部件数量则越少。需要注意的是，层级过多，会导致最终的分类节点下零件过少导致重用效能较低；层级过少，则不能对专业领域中的零部件进行较为精确的搜索。因此，物料层级划分一定要适合本企业实际需求，零部件物料分层一般分 3~4 个层级为宜。

3. 物料编码

产品设计人员在进行物料层级创建时，首先应依据产品设计图样上零部件明细表对零部件名称、规格型号、材质等技术信息进行描述，同时结合企业的常规工艺生产能力、采购惯例将零部件区分为原材料、标准件、半成品、成品等大类，然后在企业制定的物料编码规则基础上开展物料编码工作。

不同的企业会有不同的物料编码规则，具体的编码规则方法也是多种多样，但是物料编码的原则要求基本一致，物料编码的主要有以下原则要求。

1）物料编码分类性原则。物料编码应分类处理，物料编码中应包括物料分类码，以便于区分查找，例如物料按原材料、标准件、半成品、成品进行分类区分。

2）物料码的简单性原则。物料的编码长度尽可能控制在 10 位阿拉伯数字以内，或采用与英文字母相结合的编码方式，简单的编码更便于数据的读取，不易出现数据错误。

3）物料编码的唯一性原则。为了避免在企业内部出现一物多码或一码多物的情况造成管理上的混乱，因此必须确保物料编码像人们使用的身份证一样具有唯一性。

4）物料编码可扩展性原则。在制定企业物料编码规则时，要考虑到企业的长远发展，可能会生产更多类型的产品，也会有更多种类物料的需求，物料编码的容量应能够满足企业物料类型增加对物料编码扩展性的需求。

4. 确定物料名称、描述规格型号等信息

产品设计部门每设计一件产品，组成该产品的原材料、零部件可能都会有很多种，而且往往会使用到同一种原材料或零部件下面的不同规格型号。例如在管道生产制造需要原材料管材，管材的种类最常用的有碳钢管材和不锈钢管材之分，在这两种管材之下的规格也会有多种不同的管径和管壁厚度的区分，因此在设计 BOM 编制的过程中，需要准确详细地描述物料的名称、规格型号及其他特性用以区分物料的类别和型号，以便于后期采购部门准确采购物料、计划部门准确配送物料、制造部门准确使用物料等，以保障最终生产出合格的产品。

5. 确定物料计量单位和需求数量信息

不同的物料特性在生产应用中具有不同的计量单位，一些散装原材料采用千克、吨，一些零件的计量单位常采用件、个，一些部件、半成品、成品计量单位常采用台、套。因此，物料在设计 BOM 中对物料的计量单位和需求数量的准确描述同样至关重要，这些信息将作为采购部门确定物料采购的数量、仓库存储物料的数量、计划部门配送到生产现场的物料数量、财务部门物料成本的核算等工作的参考标准。

6. 描述物料其他备用信息

设计 BOM 中除了以上物料编码、名称、规格型号描述、计量单位、数量这些必要的基础信息外，还可以根据不同部门管理需求增加一些技术属性和采购属性的信息，例如，针对工艺设计部门需求，设计 BOM 内容结构上可以增加物料对应生产工序名称或增加自制件、外协件、外购件等技术信息；针对采购部门需求，设计 BOM 内容结构上可以增加物料采购单价、采购周期等采购信息，这些扩展的备用信息将为产品物料采购、产品制造等过程提供便利。

7. 评审、签审、下发

当设计 BOM 按照要求编制完成后，需经过产品设计部门相关责任人的评审及签审流程，经过签审批准的设计 BOM 文件才可以作为正式设计 BOM 文件下发至企业相关部门，相关部门根据部门管理的需要进行扩展并服务于部门业务管理。

8. 设计 BOM 编制的注意事项

1）产品设计部门在编制设计 BOM 时，一定要结合产品设计图样准确描述物料编码、名称、规格型号、计量单位、数量等信息，避免描述错误，尤其是要保证物料编码的唯一性，即一种物料仅有一个编码。

2）从设计 BOM 派生出其他 BOM 类型时应避免数据转移出现错误，新派生出的 BOM 类型应沿用设计 BOM 中物料编码、名称、规格型号、计量单位、数量等基本信息。

3）企业内部在设计 BOM 的基础上进行广义 BOM 派生扩展时，BOM 的类型不要过多，在设计 BOM 中将后期工艺、制造、采购、仓储、销售等所需的各类功能信息统一放入设计 BOM 当中，显然是不可能的。因此，以设计 BOM 为基础进行 BOM 类型的派生扩展是必要的，但也不能为了不同部门各自管理的方便，每个部门都派生扩展成一个新的 BOM 结构类型，这样看似方便了各自部门的管理，但是为企业整体的数据管理带来困难，所以最好的方式是整合不同部门的 BOM 信息需求，尽可能地减少 BOM 的类型，可以满足企业管理的需求即可。

3.2.5 设计 BOM 编制工程实践案例解析

表 3-1 为某变压器绕组设计 BOM 清单的部分内容，该设计 BOM 清单设计的结构内容主要包括物料层级、物料编号、物料说明、单位和数量。

表 3-1 某变压器绕组设计 BOM 清单

物料层级	物料编号	物料说明	单位	数量	备注
1	260/WT000217069	变压器绕组，ZGSB-H-3600/34.5×001.A	组	1	

（续）

物料层级	物料编号	物料说明	单位	数量	备注
2	260/6EA602Y7069_2	高压线圈，ZGSB-H-3600/34.5×001.6EA602Y7069_2. A	件	3	
3	1120230194	纸包铝扁线，2.5mm×7.5mm（厚×宽），ZLB-0.4.RoHS. A 级；绝缘厚度：0.35-0.45mm. GB/T 7673.1	kg	103.66	
3	1300450001	F 级聚酯收缩带，0.25mm×25mm（厚×宽）（30m/卷），RoHS. ZV-108	卷	4	高压线圈用
3	1300570020	皱纹纸，0.05mm×40mm（厚×宽），RoHS. ZV-026	kg	0.16	高压线圈用
2	260/6EA602Y7069_1	低压线圈，ZGSB-H-3600/34.5×001.6EA602Y7069_1. A	件	3	
3	1120180966	铝带，1060-0.2，2mm×785mm（厚×宽），RoHS. GB/T3880.3，高精级	kg	69.66	
3	1300570020	皱纹纸，0.05mm×40mm（厚×宽），RoHS. ZV-026	kg	0.007	低压线圈用
3	1300450001	F 级聚酯收缩带，0.25mm×25mm（厚×宽）（30m/卷），RoHS. ZV-108	卷	4	低压线圈用
2	260/WT0220Y7069	线圈绝缘，ZGSB-H-3600/34.5×001.260/WT0220Y7069. A	套	1	
3	260/5EA123YT069_1	低压油道，1.5EA123Y7069_1. A	件	3	
4	1300200207	电缆纸，0.08mm×30mm（厚×宽），RoHS	kg	0.008	低压油道1用
4	1300512330	撑条，4mm×6mm×806mm（厚×宽×长），电工纸板无毛刺，厚度的极限偏差为±0.05mm	条	31	低压油道1用
3	260/5BA123Y70692	低压油道，2.5EA123Y7069_2. A	件	3	
4	1300200207	电缆纸，0.08mm×30mm（厚×宽），RoHS	kg	0.008	低压油道2用
4	1300512330	撑条，4mm×6mm×806mm（厚×宽×长），电工纸板无毛刺，厚度的极限偏差为±0.05mm	条	33	低压油道2用

物料层级用来表达物料的组成和结构，变压器绕组是变压器的一个部件，非最终产品，变压器层级为0层级，因此，在此处设定最高物料层级为1层级代表生产的目标产品，将目标产品的组成物料进行逐层分解划分2层级、3层级、4层级等层级，例如变压器绕组的物料组成等级划分如图3-10所示。

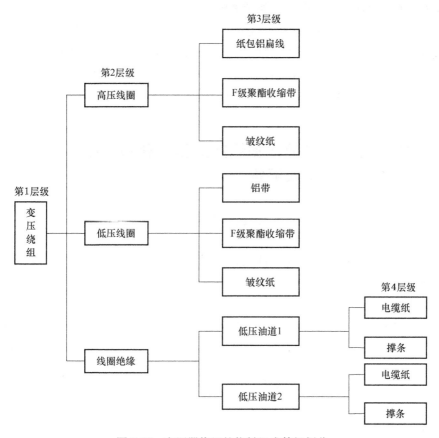

图3-10 变压器绕组的物料组成等级划分

1）物料编码分为外购类物料和自制类物料。外购类物料编码以"1"开头，采用10位阿拉伯数字编码，编码规则为"物料大类（3位数）+物料小类（3位数）+规格型号序列编码（4位数）"。例如，图表中纸包铝扁线物料编码为"1120230194"，"112"为线材类代码，"023"为铝扁线代码，"0194"为物料规格"2.5mm×7.5mm"的序列编码。自制类物料编码以"2"开头，编码规则为"物料编码（3位阿拉伯数字）+自制件型号编码"，其中自制件型号编码采用阿拉伯数字、英文字母、字符等混合编码，例如，图表中变压器绕组物料编码为"260/WT000217069"，"260"代表产品物料编码，"WT000217069"代表产品型号编码。

2）物料说明主要描述物料的名称、规格型号、技术要求等信息。例如，在铝带的物料说明里"铝带，1060-0.2，2mm×785mm（厚×宽），RoHS.GB/T 3880.3 高精级"包含了物料名称"铝带"；规格型号"1060-0.2，2mm×785mm（厚×宽），RoHS."；技术标准要求"RoHS.GB/T 3880.3 高精级"。物料说明信息的内容准确描述了产品所需物料的类别。

3）物料的单位栏和数量栏，规定了生产一件目标产品所需的外购物料和自制物料的需求数量及其对应的计量单位，这信息明确了产品物料组成的定量标准。物料计量单位的确定应根据计量惯例并结合企业生产的实际情况进行选择，例如表中纸包铝扁线、铝带通常按"kg"计量，F 级聚酯收缩带通常按"Rl（卷）"计量。

3.3 实践案例：万能数据线产品图样分解与设计 BOM 编制实操解析

3.3.1 万能数据线产品图样分解

产品图样具体分解流程为：首先对总装图进行分解，分解出部件图，再通过部件图分解出组件图，最后再把组件图中的套图分解成零件图。由此一层一层将产品总装图剥开，让产品总装图分解为不可分解的零件图，为下一步设计 BOM 表编制做铺垫，具体分解流程如图 3-11 所示。

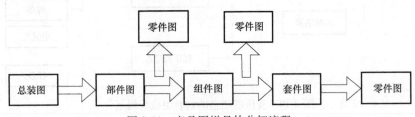

图 3-11　产品图样具体分解流程

限于篇幅，本节只对万能数据线总装图分解为部件图进行阐述。

根据产品总装图（如图 2-1 所示）可以识别出万能数据线总装图包含以下 5 大部件：USB 接口、Micro 接口、Type-c 接口、Lightning 接口、线体。对万能数据线总装图进行分解并绘制出响应部件图。

USB 接口部件图如图 3-12 所示。

Micro 接口部件图如图 3-13 所示。

Type-c 接口部件图如图 3-14 所示。

Lightning 接口部件图如图 3-15 所示。

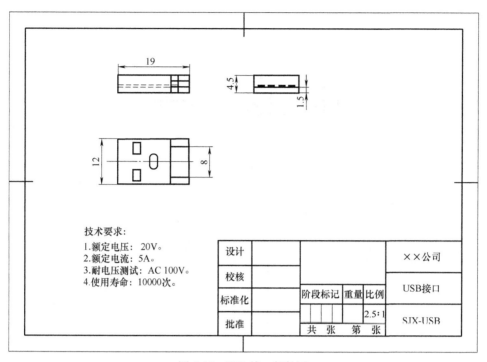

图 3-12　USB 接口部件图

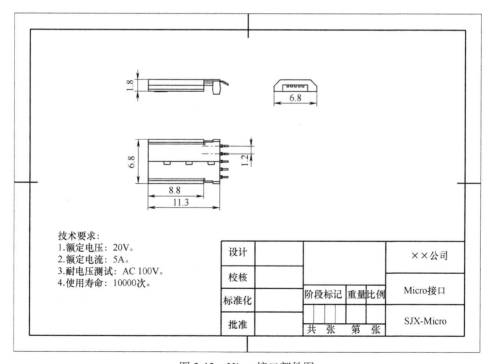

图 3-13　Micro 接口部件图

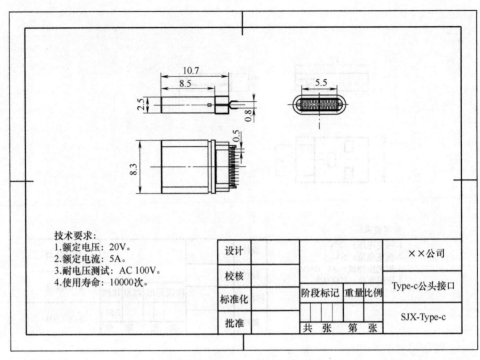

技术要求:
1.额定电压: 20V。
2.额定电流: 5A。
3.耐电压测试: AC 100V。
4.使用寿命: 10000次。

设计				××公司
校核				
标准化	阶段标记	重量	比例	Type-c公头接口
批准	共 张	第 张		SJX-Type-c

图 3-14 Type-c 公头接口部件图

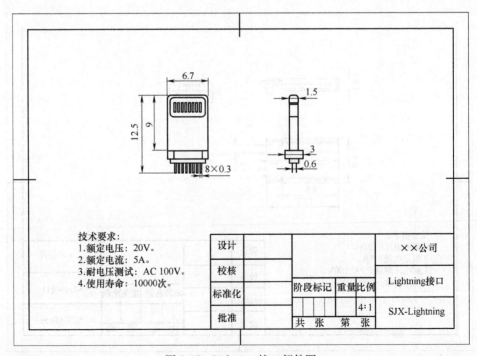

技术要求:
1.额定电压: 20V。
2.额定电流: 5A。
3.耐电压测试: AC 100V。
4.使用寿命: 10000次。

设计				××公司
校核				
标准化	阶段标记	重量	比例	Lightning接口
批准	共 张	第 张	4:1	SJX-Lightning

图 3-15 Lightning 接口部件图

线体部件图如图 3-16 所示。

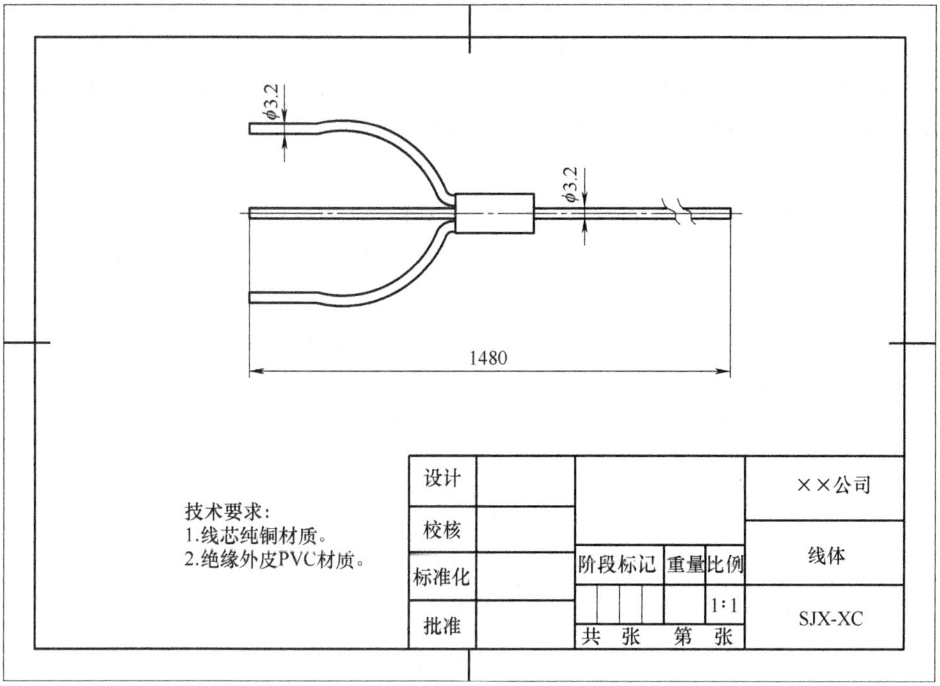

图 3-16 线体部件图

技术要求：
1.线芯纯铜材质。
2.绝缘外皮PVC材质。

设计				××公司
校核				
标准化		阶段标记	重量 比例	线体
批准			1:1	SJX-XC
		共 张 第 张		

图 3-16 线体部件图

3.3.2 万能数据线设计 BOM 编制

根据万能数据线产品图样分解结果，按照图 3-9 设计 BOM 编制步骤进行万能数据线设计 BOM 编制，具体如下。

1. 万能数据线设计 BOM 结构内容制定

根据数据线产品图样分解结果，确定数据线设计 BOM 结构内容。设计 BOM 模板见表 3-2。

表 3-2 设计 BOM 模板

序号	物料编码	物料说明		单位	数量
		名称	规格型号		
编制： 校对： 批准：					

2. 创建零部件物料层级

根据产品特点，万能数据线零部件物料层级划分为3层。

万能数据线是兴华公司的最终产品，因此，将万能数据线设为0层级。

万能数据线各部件在 BOM 标准名称为：Type-c 接口、Micro-B 接口、Lightning 接口、USB 接口、线体，为 BOM 第1层级。

各组件 BOM 标准名称为：Type-c 接口内芯套件、塑胶外壳、卡圈、尾卡、Micro-B 接口内芯套件、Lightning 接口内芯套件、USB 接口内芯套件、镀锡铜网屏蔽层、铝箔屏蔽层、紫橙黄蓝白绿数据线、裸铜公共 GND、22AWG 红色正极、22AWG 裸铜负极 GND、抗拉纤维绳、PVC 外皮，为 BOM 第2层级。

各零件 Type-c 公头壳体、焊盘、胶芯、Micro-B 公头壳体、Lightning 公头壳体、USB 公头 A 型卡扣、PVC 外皮、30AWG 锡镀铜，为 BOM 第3层级。

万能数据线设计 BOM 结构层级划分如图3-17所示。

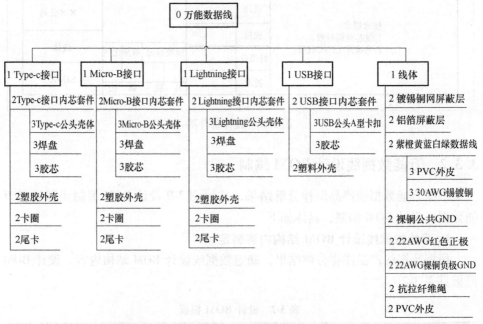

图 3-17　万能数据线设计 BOM 结构层级划分

3. 零部件物料编码

根据制定出的设计 BOM 结构内容和物料分层情况，详细分析设计 BOM 构成及零件特点，设计适合本企业的物料编码规则。

万能数据线设计 BOM 编码规则设计为物料层级（1个字符）+物料大类（3个字符）+物料小类（3个字符）+序列号（4个字符），用11位字符来表示不同规则含义，具体见表3-3。

表3-3 设计 BOM 编码规则

物料层级	物料大类			物料小类		序列号
层级	来源	类别	材料	用途	物料名称首字母代码	序列号
1 = 第 1 层级 2 = 第 2 层级 3 = 第 3 层级	1 = 外购 2 = 自制 3 = 委托加工	1 = 线材 2 = 元器件 3 = 杂料类	1 = 非铁金属 2 = 不锈钢 3 = 化学品	1 = 零部件 2 = 包装材料	A = 01 B = 02 C = 03 … Z = 26	0000 0001 0002 … 9999

例如：某物料设计 BOM 编码为 21321200010，根据物料编码规则，可知该物料具体信息为：

1）第 1 个字符为 2：说明该物料为第 2 层级物料。

2）第 2~4 顺序位字符为 132："1"说明该物料为外购件，"3"说明该物料属于杂料类，"2"说明物料材质为不锈钢材质。

3）第 5~7 顺序位字符为 120："1"说明该物料为零部件物料，"20"说明该物料名称首字母处于 26 字母中的第 20 位，为字母 T，即该物料拼音首字母为 T。

4）第 8~11 顺序位字符为 0010：说明该物料为第 10 种物料。

按照设计的 BOM 编码规则，万能数据线各类零部件物料编码见表3-4。

表3-4 万能数据线各类零部件物料编码

序号	物料编码	零件名称	序号	物料编码	零件名称
1	31321200001	Type-c 公头壳体	16	21331120016	Lightning 塑胶外壳
2	31211200002	Type-c 焊盘	17	21331120017	Lightning 卡圈
3	31331200003	Type-c 胶芯	18	21331120018	Lightning 尾卡
4	21331200004	Type-c 塑胶外壳	19	31321210019	USB A 型公头卡扣
5	21331200005	Type-c 卡圈	20	31331210020	USB 胶芯
6	21331200006	Type-c 尾卡	21	21331210021	USB 塑胶外壳
7	31321130007	Micro-B 公头壳体	22	21111200022	镀锡铜网屏蔽层
8	31211130008	Micro-B 焊盘	23	21111120023	铝箔屏蔽层
9	31331130009	Micro-B 胶芯	24	31131160024	PVC 内皮
10	21331130010	Micro-B 塑胶外壳	25	31111010025	30AWG 镀锡铜
11	21331130011	Micro-B 卡圈	26	21111120026	裸铜公共 GND
12	21331130012	Micro-B 尾卡	27	21111010027	22AWG 红色正极
13	31311120013	Lightning 公头壳体	28	21111010028	22AWG 裸铜负极 GND
14	31211120014	Lightning 焊盘	29	21131110029	抗拉纤维绳
15	31331120015	Lightning 胶芯	30	21131160030	PVC 外皮

4. 确定物料名称、规格型号信息描述

根据万能数据线设计 BOM 结构图发现，某些零件有多种规格，如卡圈、尾卡等。为了进行区分说明，防止物料管理人员分发错误和作业人员使用错误，需要对物料信息进行详细描述，主要包括物料名称、规格、用途等。万能数据线物料信息描述见表 3-5。

表 3-5　万能数据线物料信息描述

序号	零件名称	规格型号
1	Type-c 公头壳体	长 21.20mm，宽（2.00±0.1）mm，孔距 2.5mm，黄铜冷压
2	Type-c 焊盘	GHW-JRC15A
3	Type-c 胶芯	LCP/PBT
4	Type-c 塑胶外壳	NON-PVC 无卤
5	Type-c 卡圈	NON-PVC 无卤
6	Type-c 尾卡	NON-PVC 无卤
7	Micro-B 公头壳体	标准 6.8mm，SPCC T=0.2，铁壳电镀镀镍盐雾 24h
8	Micro-B 焊盘	201 不锈钢电镀
9	Micro-B 胶芯	PBT UL94V-0
10	Micro-B 塑胶外壳	NON-PVC 无卤
11	Micro-B 卡圈	NON-PVC 无卤
12	Micro-B 尾卡	NON-PVC 无卤
13	Lightning 公头壳体	标准 7.5mm，全面镍底 $50\sim80\mu''$，整体镀金
14	Lightning 焊盘	WIKF16
15	Lightning 胶芯	LCP UL94V-0
16	Lightning 塑胶外壳	NON-PVC 无卤
17	Lightning 卡圈	NON-PVC 无卤
18	Lightning 尾卡	NON-PVC 无卤
19	USB A 型公头卡扣	12mm×4.5mm，铜料 C2680，镀镍
20	USB 胶芯	LCP 防火阻燃料/PBT 普通料
21	USB 塑胶外壳	NON-PVC 无卤
22	镀锡铜网屏蔽层	镀锡铜 1800mm
23	铝箔屏蔽层	铝箔 1800mm
24	PVC 内皮	PVC 1800mm

（续）

序号	零件名称	规格型号
25	30AWG 镀锡铜	镀锡铜 1800mm
26	裸铜公共 GND	铜 1800mm
27	22AWG 红色正极	铜 1800mm
28	22AWG 裸铜负极 GND	铜 1800mm
29	抗拉拉纤维绳	尼龙 1800mm
30	PVC 外皮	PVC 1800mm

5. 确定物料计量单位和需求数量信息

设计 BOM 中必须包含各个零件所需的准确计量单位信息和需求数量信息，万能数据线各物料单位和数量信息见表 3-6。

表 3-6　万能数据线各物料单位和数量信息

序号	零件名称	规格型号	单位	数量
1	Type-c 公头壳体	长 21.20mm，宽 （2.00±0.1） mm，孔距 2.5mm，黄铜冷压	件	1
2	Type-c 焊盘	GHW-JRC15A	件	1
3	Type-c 胶芯	LCP/PBT	件	1
4	Type-c 塑胶外壳	NON-PVC 无卤	kg	1
5	Type-c 卡圈	NON-PVC 无卤	kg	1
6	Type-c 尾卡	NON-PVC 无卤	kg	1
7	Micro-B 公头壳体	标准 6.8mm，SPCC T=0.2，铁壳电镀镀镍盐雾 24h	件	1
8	Micro-B 焊盘	201 不锈钢电镀	件	1
9	Micro-B 胶芯	PBT UL94V-0	件	1
10	Micro-B 塑胶外壳	NON-PVC 无卤	kg	1
11	Micro-B 卡圈	NON-PVC 无卤	kg	1
12	Micro-B 尾卡	NON-PVC 无卤	kg	1
13	Lightning 公头壳体	标准 7.5mm，全面镍底 50~80μ″，整体镀金	件	1
14	Lightning 焊盘	WIKF16	件	1
15	Lightning 胶芯	LCP UL94V-0	件	1
16	Lightning 塑胶外壳	NON-PVC 无卤	kg	1

（续）

序号	零件名称	规格型号	单位	数量
17	Lightning 卡圈	NON-PVC 无卤	kg	1
18	Lightning 尾卡	NON-PVC 无卤	kg	1
19	USB A 型公头卡扣	12mm×4.5mm，铜料 C2680，镀镍	件	1
20	USB 胶芯	LCP 防火阻燃料/PBT，普通料	件	1
21	USB 塑胶外壳	NON-PVC 无卤	kg	1
22	镀锡铜网屏蔽层	镀锡铜 1800mm	mm	1
23	铝箔屏蔽层	铝箔 1800mm	mm	2
24	PVC 内皮	PVC 1800mm	mm	6
25	30AWG 镀锡铜	镀锡铜 1800mm	mm	6
26	裸铜公共 GND	铜 1800mm	mm	1
27	22AWG 红色正极	铜 1800mm	mm	1
28	22AWG 裸铜负极 GND	铜 1800mm	mm	1
29	抗拉拉纤维绳	尼龙 1800mm	mm	1
30	PVC 外皮	PVC 1800mm	mm	1

6. BOM 编制签审

　　万能数据线 BOM 表初步编制完成后，由项目组成员进行校对，项目负责人进行审核批准后才能正式下发。经审核批准正式下发后的万能数据线 BOM 文件才可作为生产系统正式可用文件。万能数据线 BOM 表见表 3-7。

表 3-7　万能数据线 BOM 表

序号	物料编码	物料说明		单位	数量
		名称	规格型号		
1	31321200001	Type-c 公头壳体	长 21.20mm，宽（2.00 ± 0.1）mm，孔距 2.5mm，黄铜冷压	件	1
2	31211200002	Type-c 焊盘	GHW-JRC15A	件	1
3	31331200003	Type-c 胶芯	LCP/PBT	件	1
4	21331200004	Type-c 塑胶外壳	NON-PVC 无卤	kg	1
5	21331200005	Type-c 卡圈	NON-PVC 无卤	kg	1
6	21331200006	Type-c 尾卡	NON-PVC 无卤	kg	1

（续）

序号	物料编码	物料说明		单位	数量
		名称	规格型号		
7	31321130007	Micro-B 公头壳体	标准 6.8mm，SPCC T = 0.2，铁壳电镀镀镍盐雾 24h	件	1
8	31211130008	Micro-B 焊盘	201 不锈钢电镀	件	1
9	31331130009	Micro-B 胶芯	PBT UL94V-0	件	1
10	21331130010	Micro-B 塑胶外壳	NON-PVC 无卤	kg	1
11	21331130011	Micro-B 卡圈	NON-PVC 无卤	kg	1
12	21331130012	Micro-B 尾卡	NON-PVC 无卤	kg	1
13	31311120013	Lightning 公头壳体	标准 7.5mm，全面镍底 50～80μ″，整体镀金	件	1
14	31211120014	Lightning 焊盘	WIKF16	件	1
15	31331120015	Lightning 胶芯	LCP UL94V-0	件	1
16	21331120016	Lightning 塑胶外壳	NON-PVC 无卤	kg	1
17	21331120017	Lightning 卡圈	NON-PVC 无卤	kg	1
18	21331120018	Lightning 尾卡	NON-PVC 无卤	kg	1
19	31321210019	USB A 型公头卡扣	12mm×4.5mm，铜料 C2680，镀镍	件	1
20	31331210020	USB 胶芯	LCP 防火阻燃料/PBT，普通料	件	1
21	21331210021	USB 塑胶外壳	NON-PVC 无卤	kg	1
22	21111200022	镀锡铜网屏蔽层	镀锡铜 1800mm	mm	1
23	21111120023	铝箔屏蔽层	铝箔 1800mm	mm	2
24	31131160024	PVC 内皮	PVC 1800mm	mm	6
25	31111010025	30AWG 镀锡铜	镀锡铜 1800mm	mm	6
26	21111120026	裸铜公共 GND	铜 1800mm	mm	1
27	21111010027	22AWG 红色正极	铜 1800mm	mm	1
28	21111010028	22AWG 裸铜负极 GND	铜 1800mm	mm	1
29	21131110029	抗拉拉纤维绳	尼龙 1800mm	mm	1
30	21131160030	PVC 外皮	PVC 1800mm	mm	1

编制：张三　校对：李四　批准：王五

产品生产工艺设计

4.1 产品生产工艺概述

4.1.1 产品生产工艺

1. 产品生产工艺的概念

产品生产工艺，是指将各种原材料、零部件、半成品等生产加工成某一成品的方法和过程。常见的产品生产工艺有零件机械加工工艺和产品组装装配工艺两种。

零件机械加工工艺，是指通过采取合理有序的各种机械加工方法，逐步改变毛坯的形状、尺寸、相对位置和性能等，使其成为合格零件的过程。

产品组装装配工艺，是指采用按一定顺序布置的各种装配工艺方法，把组成产品的全部零件、部件按照产品设计要求正确结合在一起形成产品的过程。

2. 产品生产工艺的作用

产品生产工艺在企业生产运作系统中具有非常重要的地位，其主要作用如下：

1）为企业生产提供适宜的方法。企业生产，是指人通过一定的劳动工具和劳动手段，作用于劳动对象，使之变成产品的过程。但是，企业只有人、机、料是无法很好地实现企业生产功能或生产目标的。企业要想满足客户对产品的需求，除了需要人、机、料之外，还需要有适宜的生产方法和技术，才能达到预期的目的。产品生产工艺，即为企业提供产品生产方法。

2）为企业生产提供基础依据。企业生产活动的各项基本要求，都反映在产品设计图样与各种技术文件中，但是产品设计图样与各种技术文件无法直接应用于生产活动，必须将其转化为生产工艺文件。产品生产工艺文件为企业组织生产，进行制造成本核算，工人生产操作等生产活动提供基础依据。

3）为企业采用新技术、新方法提供应用途径。企业产品技术水平和生产组织管理水平都需要不断进步，这就需要企业不断地采用新技术、新方法。产品生产工艺是新技术、新方法在企业进行实践应用的途径，只有把新技术、新方法融入和转化为产品生产工艺，才能将新技术、新方法实际应用到企业的生产组织当中。

4）为企业实现高效率、高质量生产提供支持。企业产品高效率、高质量生产所需的人员条件（技能、专业、学历等）、设备条件（设备种类、规格、性能精度等）、物料条件（原材料及辅料品种、规格、型号等）、环境条件（温度、湿度等）等生产要素都包含在产品生产工艺当中。认真贯彻执行产品生产工艺文件，可以充分发挥各个生产要素的积极作用，提高生产效率，稳定和提高产品质量，降低生产成本。

因此，企业应加强产品生产工艺设计研究和应用，充分发挥产品生产工艺在生产运作系统中的积极作用，以便为生产组织创造理想的工艺条件，保障生产目标的顺利实现。

4.1.2 产品生产工艺设计过程

1. 产品生产工艺设计概述

产品生产工艺设计，是针对特定产品的生产制造全过程，确定工艺流程、工艺方案并编制出标准化工艺文件（工艺规程）的过程。产品生产工艺设计是产品生产制造前的一项重要技术工作，产品生产工艺设计详细规划了产品生产制造过程中几乎所有的影响因素，它将直接决定着产品生产制造水平。

2. 工艺流程

工艺流程，也称为加工流程或生产流程，是指通过一定的加工工序，从原材料投入到产品成品产出，按顺序连续进行加工的全过程。工艺流程是由制造型企业的生产技术条件和产品的生产技术特点决定的。

确定工艺流程的过程包括：

1）查阅、理解产品设计图样及相关设计资料，准确掌握产品设计要求。

2）依据产品设计要求确定产品生产制造所需原材料、毛坯、零部件及辅料的规格和型号。

3）确定产品加工、装配、测试、检验、包装等工序。

4）根据企业现有生产条件、未来可能具备的生产条件以及类似产品工艺流程，确定产品加工、装配、测试、检验、包装顺序。

3. 工艺方案

工艺方案，也称工艺准备说明书，是根据产品设计要求、企业生产类型、企业实际生产能力等因素，提出工艺技术准备工作详细任务和措施的指导性文件。它是工艺准备的总纲，也是开展工艺准备工作的主要依据。

工艺方案主要内容一般包括：产品性质、主要精度及其特点、特殊要求、工艺流程、工艺装备系数以及设计原则、劳动总工时等。

编制工艺方案的主要依据有以下几个方面。

1）产品设计性质：是创制还是仿制，是系列基型还是变型，是通用还是专用。

2）产品生产性质：是长期性生产还是短期性生产。

3）产品生产规模：是单件生产还是批量生产，是小批量生产还是大批量生产。

4）产品生产方式：是大量连续生产还是成批轮番生产。

另外，编制工艺方案时要注重发扬技术民主，广泛听取产品设计人员、工装设计人员、质量技术人员、设备技术人员、生产管理人员以及经验丰富的生产一线技术工人等的意见和建议，以增强工艺方案的科学性、合理性和可执行性。

4. 工艺规程

工艺规程，是指规定产品或零部件制造工艺过程和操作方法的工艺文件，是产品技术文件体系的重要组成部分。工艺规程是机械制造企业最主要的技术文件之一，是企业规章制度的重要组成部分。其主要作用有以下几点。

1）工艺规程是指导生产的主要技术文件：合理的工艺规程是在依据工艺理论、生产实践经验和工艺试验的基础上制定的，是保证产品质量和提高企业经济效益的指导性文件。企业员工在生产中要严格执行既定的工艺规程。

2）工艺规程是组织和管理生产的基本依据：产品原材料供应、毛坯制造、工夹量具的设计或采购、设备调配、人力资源组织与调配、生产成本核算等，都要以工艺规程为基本依据。

3）工艺规程是新建、扩建企业或车间的基本资料：只有依据工艺规程和生产纲领才能正确地确定生产所需的设备种类、规格和数量以及设施布置、车间面积、生产工人工种、生产工人技能等级、各类生产工人数量等。

注意，工艺规程没有统一的格式，但是其内容大同小异。以机械加工为例，工艺规程的形式按其内容详细程度，可分为以下三种：

1）工艺过程卡（也称工艺路线卡）：工艺过程卡按零件分类编写。工艺过程卡中需要标明零件加工路线、各工序采用的设备、各工序使用的主要工装治具以及工时定额等。这是一种最简单和最基本的工艺规程形式，它对零件生产制造全过程做出粗略的描述。

2）工艺卡：工艺卡一般是按零件的工艺阶段分车间、分零件编写。工艺卡包括工艺过程卡的全部内容，只是更详细地说明了零件的加工步骤，是各车间进行作业准备和组织生产的基本依据。

3）工序卡：它按照零件的每道工序编制。工序卡详细规定了各道作业工序的操作方法、技术要求和注意事项等，并附有加工草图，是用来具体指导工人操作的工艺文件。这是一种最详细的工艺规程，它是以指导工人操作为目的进行编制的。

注意，企业在实际生产中需要应用什么样的工艺规程，要根据产品生产类型和所加工的零部件具体情况而定。一般而言，单件小批生产的一般零件只编制工艺过程卡，内容比较简单，个别关键零件可编制工艺卡；成批生产的一般零件多采用工艺卡片，对关键零件则需编制工序卡片；在大批大量生产中的绝大多数零件，则要求有完整详细的工艺规程文件，往往需要为每一道工序编制工序卡片。

4.1.3 产品生产工艺设计在生产运作系统价值流中的增值作用

产品生产工艺设计在生产运作系统价值流中的增值作用非常重要，高质量、高水平的产品工艺设计可以有效提升产品质量的一致性和稳定性，提高企业生产效率，降低生产成本。

1. 提升产品质量的一致性和稳定性

通过产品生产工艺设计，工艺技术人员在工艺技术文件中明确提出了生产制造过程中所需要的生产设备、工装治具、原材料与辅料使用要求、产品制造参数、产品质量参数等工艺要求。这些工艺要求以标准化工艺技术文件的形式对影响产品质量的人、机、料、法、环、测等质量因素进行约束。工艺技术文件下发至生产现场后，将作为生产一线作业人员生产作业的指导性文件指导和约束其作业，以达到对产品制造过程的管控，可以有效提升产品质量的一致性和稳定性。

2. 提高企业生产效率

产品生产工艺是企业进行生产设备选择、工装治具设计或选择以及作业方法制订的基础。高水平的产品生产工艺对保障生产设备的适用性、工装治具设计或选择的科学性、作业方法制订的合理性具有至关重要的作用，也是提高企业生产效率的重要支撑。

3. 合理控制材料消耗，降低生产成本

在通过产品工艺设计最终形成的工艺规程文件中，明确规定了各个生产工位使用的原材料、辅料和零部件的名称、规格型号、数量等信息，这相当于确定了原材料、辅料和零部件的消耗定额，通过这一方式对生产一线原材料、辅料和零部件实施定额管控，防止非计划损耗，有助于合理控制材料消耗，降低生产成本。

4.2 产品生产工艺设计步骤 ‹‹‹

为了保证产品生产工艺设计效率和设计质量，产品生产工艺的设计需要遵循一定的步骤，如图4-1所示。

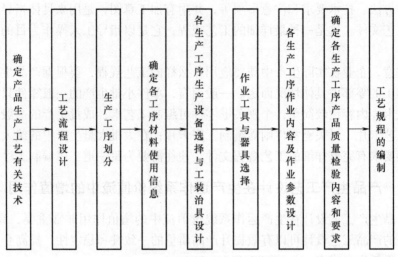

图 4-1　产品生产工艺设计步骤

4.2.1　确定产品生产工艺有关技术

产品生产工艺设计的第一步是确定产品生产工艺有关技术。

产品工艺设计人员首先要结合产品设计图样中的产品结构特性和技术要求进行工艺分析，然后针对产品结构中的各种功能需要，选择相适宜的工艺技术。在选择相应工艺技术时，通常要从以下几个方面进行考虑：

1）该工艺技术是否能够满足产品相关结构功能和产品性能的要求。

2）该工艺技术是否已进行应用验证，是否成熟，是否具备推广应用条件。

3）该工艺技术是否可以保证产品质量的一致性、稳定性和可靠性。

4）该工艺技术是否能够提高产品的可加工性，降低生产一线作业人员的作业强度，从而提高生产效率。

5）该工艺技术的应用成本是否经济可行。

6）该工艺技术的应用是否绿色、环保。

例如，精密金属零件通常选择精密数控机床加工工艺，塑料橡胶件通常选择注塑加工工艺，这样的工艺选择既可以保证产品质量又可以降低产品制造成本。对于产品组件和部件的安装连接，根据产品连接件的材质、产品结构强度、产品使用环境等技术要求，可以采用焊接、粘接、螺钉连接、铆钉连接等不同的工艺方法。

4.2.2　工艺流程设计

在确定产品生产工艺有关技术之后，就可以开始进行生产流程设计。

工艺流程，一般用工艺流程图的形式来表达。工艺流程图，是用图表符号形式表达产品通过工艺过程中的部分或全部阶段所完成工作的一种图示。工艺流程设计的输出物为工艺流程图，它集中地概括了整个生产过程的全貌。

一般用流程框图的形式绘制工艺流程图。步骤如下：首先，把产品工艺技术路线用流程框图的形式表达出来，采用"方框+文字"的方式进行表述，每个"方框"代表一个工序，可以是一台设备，也可以是一个工位，"文字"用来描述工序名称；其次，在每个"方框"之间绘制"箭头"，用来表示物流方向。某金属结构件生产工艺流程图如图 4-2 所示。

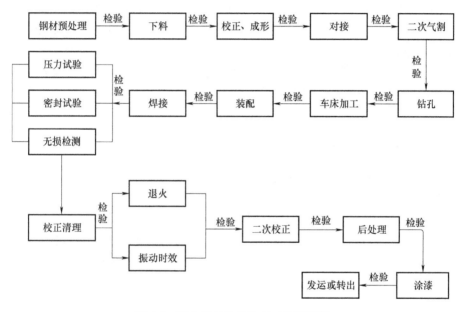

图 4-2　某金属结构件生产工艺流程图

4.2.3　生产工序划分

工艺流程设计完成后，就可以在工艺流程图的基础上进行生产工序划分。

产品生产工艺设计人员需要根据工艺流程图，结合产品不同结构组成、产品功能特性的相似性等因素进行生产工序划分。属于同一个部件上的零件，可以放在同一个工序内装配。采用同一工艺技术方法实施作业的内容，尽可能安排在同一个工序内完成。工序划分的同时要为工序命名。

生产工序划分通常有两种原则：工序分散原则和工序集中原则。

工序分散原则，是指把零部件的加工内容分配在较多的工序中，因此每道工序的加工内容较少，但工序总数较多。工序集中原则，是指零部件的每道工序的加工内容安排得尽量多，使工序的总数尽量少。两种工序划分原则各有特点，对比分析见表 4-1。

表 4-1 两种工序划分原则特点对比分析

类别	特点								
	设备 数量	设备自动 化程度	占地 面积	工件装 夹次数	工艺 路线	辅助 时间	加工 精度	生产 效率	生产 周期
工序分散	多	低	大	多	长	多	低	低	短
工序集中	少	高	小	少	短	少	高	高	长

在选择确定生产工序划分原则时，应在充分理解工序分散原则和工序集中原则内涵特点的基础上，综合考量生产纲领、产品生产工艺技术要求、零部件自身结构特点等因素，根据企业自身生产条件选择与之相适应的生产工序划分原则进行生产工序划分。

一般情况下，单件小批量生产适用工序集中原则，大批大量生产适用工序分散原则；零部件外形复杂、质量大的零件适用工序集中原则，零件外形简单的零部件适用工序分散原则；数控机床适用工序集中原则，普通机床适用工序分散原则。

4.2.4 确定各工序材料使用信息

在工艺设计中，明确产品材料使用的详细信息非常重要，这将直接决定着产品质量是否满足产品设计的基本要求和产品生产成本的高低。产品材料一般包含原材料与辅料，材料使用信息一般包括材料名称、型号、数量等信息。

不同的工艺技术，使用原材料的指向是不同的，需要根据产品设计要求进行严格确定，例如，在机械加工工序，使用的原材料主要指用于零件加工的毛坯件，在机械加工工艺设计时需要确定毛坯件的材质、规格尺寸及其他有关技术要求等信息；而对于装配工序，原材料是指本工序组装产品所需要的各类零部件，可依据产品设计 BOM 确定组成产品所需要的各类零部件的名称、规格型号、数量等信息。

辅料虽然在产品整体材料中的占比较低，但辅料使用的合理与否往往决定着产品最终加工成型的质量，例如，大型的钢梁焊接件对使用不同材质、规格的焊条或焊丝所成形的焊缝的强度会产生巨大的差异，这将决定着产品最终是否能够满足产品质量的要求；对于用于电子产品粘接的不同品牌组分的胶水，其对产品粘接强度、抗氧化能力都会产生较大差异。因此，在工艺设计时，对生产过程使用辅料的名称、型号、数量的控制也是至关重要的。

产品生产工艺设计人员在进行各工序材料选择时，需要注意以下几点：

1）性能优先原则。材料的选择与材料本身的用途有着密不可分的关系，只有选择的材料性能符合设计标准，才能设计、生产出合格产品，否则，生产工艺设计将无法达到预期效果。每一种产品，在材料的选择上，都有可能会有多种不同的方案，产品工艺设计人员需要对各种材料选择方案进行对比分析，按照性能优先原则，找出当前材料选择最佳方案。

2）考虑价格因素。在进行材料选择时，在性能优先原则的基础上，还要考虑材料价格因素。一款好的产品，除了性能好、质量可靠外，还需要具有合理的价格。性能好、质量可靠，再加上价格合理，才能保证企业赢得更大的市场份额和利润空间。

3）绿色环保理念。当前，国家对绿色环保要求较高。因此，企业不仅要考虑材料的性能、价格，还要考虑材料本身的环保性能。产品生产工艺设计人员必须本着绿色环保的理念，尽可能选择低耗能、低污染的绿色环保材料，以降低企业产品生产制造对环境的污染或破坏，走绿色环保的可持续发展道路。

4.2.5 各生产工序生产设备选择与工装治具设计

产品生产离不开生产设备，有些生产工序还需要借助特制的工装治具才能完成其特定的生产功能，因此，在产品生产工艺设计过程中，各生产工序生产设备选择与工装治具设计也尤其重要。

1. 生产设备选择

各生产工序需要根据采用的产品工艺技术不同，选择适宜的生产设备，例如，当产品工艺技术涉及机械零件加工时，就需要考虑选择机械加工类设备；当产品工艺技术涉及焊接工艺时，就需要考虑选择焊接类设备；当产品工艺技术涉及粘接工艺时，就需考虑选择烘干类设备。

在设备选择工作中，生产设备选型显得尤其重要。产品生产工艺设计人员需要在充分掌握产品生产要求的前提下，选择既能够满足生产出合格产品又具备高加工效率的设备，同时又要考虑设备采购投入的成本，总之，需要综合考量选择既满足生产要求又具有较高性价比的设备。有关设备选型的详细介绍请参见本书第5章内容。

2. 工装治具设计

除了生产设备，某些生产工序还需要配备工装治具用来辅助产品生产。一般情况下，企业可以直接购买的通用或标准工装治具非常少，很大一部分工装治具需要工艺技术人员针对产品特性以及生产制造条件专门设计制作。

工艺技术人员在设计工装的过程中，要充分考虑产品制造精度与工装治具制造精度的匹配性。通常情况下，产品制造的精度越高，对应的与之匹配的工装治具设计精度要求也会越高。

4.2.6 作业工具与器具选择

在制造型企业生产运作系统中，除全自动作业工序外，很多人机结合作业工序、人工作业工序还需要借助若干作业工具和器具进行生产作业。

1. 作业工具选择

工艺技术人员需要根据人机结合作业工序、人工作业工序的作业特点，选择适宜的作业工具，例如，用于产品组装时敲击的锤子、用于产品修配的锉刀、用于产品锁紧连接螺栓的扭力扳手等。进行作业工具选择时，需要重点关注工具使用的轻便性和安全性。

2. 作业器具选择

作业器具，是指在产品的制造过程中，用于对成品、半成品、毛坯及各种零部件进行集合式装载、转运、存放的一种工具，也是在产品加工、装配、检测、包装、返修时使用的操作平台。

作业器具的主要作用是防止和减少工件磕碰划伤、方便储存和运输、方便装卸、便于管理等。在一般制造型企业里，工位器具通常包括工位间器具与传送工件用器具两大类。工位间器具常用的种类主要有：料架类、托架类、工作台、钳工台、贮存台类、篮、筐、盒类、手推车类等；传送工件用器具常用的种类主要有：辊道上运送工件的托架、托板，工序间传送工件的滑板、滑架、出料装置，提升毛坯、工件的气动吊、升降台等。

工艺设计人员在进行工位器具选择或设计时需要注意以下几点：

1）工位器具的结构应考虑物品的大小、形状和表面质量要求，使所存放的物品不会造成相互碰撞和受损变形。

2）工位器具要便于物品的取放，并尽可能使操作者取放物品省时、省力。

3）工位器具结构应尽量紧凑，方便存放，减少空间占用。

4）贮存用的工位器具应考虑高架和多层存放，以增加贮存容量。

5）工位器具的结构应便于存放物品的计数，最好使人们一眼便能看出所装物品的数量。

6）运输用的工位器具应轻便、灵活，并带有制动装置。

4.2.7　各生产工序作业内容及作业参数设计

生产工序作业内容设计，是产品生产工艺设计的核心内容。各生产工序作业内容将用于直接指导生产一线作业人员的生产作业。

工艺技术人员必须在工艺文件中明确生产各工序作业内容、作业先后顺序以及作业过程有关工艺参数，这些内容都可能会影响到产品的加工质量或生产效率。例如，在金属零件机械加工工艺过程中，应明确先加工平面，再在平面上钻孔的作业顺序，同时要确定机床切削加工中主轴的转速、刀具的进给量、背吃刀量等工艺参数信息；在产品装配工艺过程中，需明确规定各个零部件的装配顺序，以及各个连接螺栓的拧紧力矩。作业顺序与作业过程中的有关工艺参数将直接影响产品的生产质量和加工精度。

4.2.8　确定各生产工序产品质量检验内容和要求

产品生产过程中对产品质量的控制要求也属于工艺设计的范畴。工艺技术人员需要在工艺文件中明确各个生产工序产品检验的项次、频次、参数及使用的计量器具等要求，以保证产品检验的顺利进行，达到产品检验的预期目的。例如，在金属零件机械加工过程中，工艺文件需要明确尺寸公差的要求，使用游标卡尺测量按 10 件/批次的抽检比例进行检验；在产品装配工艺过程中，对螺栓紧固的力矩的要求，按 50%的螺栓数量使用数显扭力扳手测量扭矩的大小。

4.2.9　工艺规程的编制

工艺规程文件的组成通常包含工艺图样、工序工艺卡等文件。虽然工艺文件设计编制的内容相似，但是工艺规程文件没有统一的格式要求，在生产制造过程中不同的工艺过程可以有不同的工艺规程文件格式，最常见的零部件机加工工艺过程和产品装配工艺过程所编制的工艺文件格式往往有较大的差异。

工艺技术人员在进行工艺文件编制时，应先将工艺文件的格式确定下来，再将工艺设计方案中的原材料、辅料、设备、工装治具、作业工具、作业器具、作业要求、工艺图样等有关内容，按照工艺流程逐个完善到相关工序工艺卡片中。

当把所有工序的工艺图样、工艺卡编制完成后，这些文件还需经过技术部门的相关负责人校对、审核和批准后，方可下发至生产车间使用。其中，需要强调的是，工艺图样中的工装设计图样也需要经技术部门的签审流程，经批准后方可进行工装的制作和投用。另外，在产品正式生产前，必须要确保工装配备到位。

4.3　实践案例：万能数据线生产工艺设计实操解析

根据万能数据线图样分解结果和设计 BOM 清单可知，万能数据线产品结构相对简单，物料种类少，其生产工艺设计主要分为以下五步：

第一步：确定万能数据线生产工艺有关技术。

第二步：工艺流程设计。

第三步：生产工序划分。

第四步：设备选择与工、量具设计。

第五步：工艺规程文件编制。

1. 确定万能数据线生产工艺有关技术

根据万能数据线各层级产品图样可知，万能数据线生产主要用到的技术有：将数据线线体剥开，根据对应的连线规则，将对应线体通过焊接方式连接在 USB 接口上。数据线线体另一端剥开后需要点锡，然后通过焊接方式将线体连接在对应的 Micro 接口、Type-c 接口、Lightning 接口上，然后通过点胶包裹裸露出的铜线，装配上接口外壳后，再次焊接固定外壳，测试无误后，包装入库。

以数据线加工焊接工艺技术为例，数据线在制作过程中，数据线的内导体、内导线和屏蔽线均要焊接到接头上。由于同轴线、电子线根数较多，接头上的焊盘比较多，并且接头尺寸是标准固定的，所以接头上的焊盘一般要分成至少两排，在焊接的过程就需要将内导体、内导线和屏蔽线中的若干根与其中一排焊盘焊接，然后再将未焊接的内导体、内导线和屏蔽线与另外一排焊盘焊接，因此需要多次焊接，难以实现自动化焊接加工。

详细分析万能数据线生产过程所用到的各个生产技术方法，进行总结分类，其主要用到的加工工艺技术有：剥线、镀锡、焊接、点胶、测试等。

2. 工艺流程设计

根据初步划分的数据线加工生产工序，进行其生产作业的详细工艺流程设计，明确各工序的具体流程顺序、工步等，初步得到基本的工艺流程如图 4-3 所示。

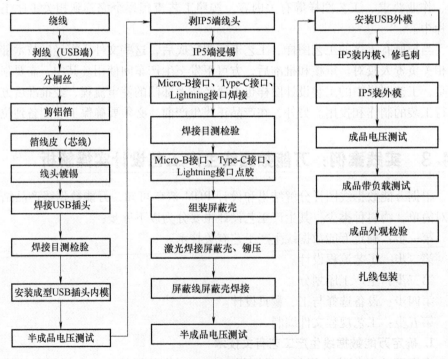

图 4-3　万能数据线生产工艺流程

3. 生产工序划分

根据万能数据线所需加工工艺技术和工艺流程，进行生产工序划分。各工序所用到的工艺技术、加工设备等差别较大，且产品批量大，品种少，初步选用工序分散原则进行工序划分。万能数据线生产工序划分见表4-2。

表4-2　万能数据线生产工序划分

生产工序划分		工艺流程
工序序号	生产工序	
工序一	线体预处理	绕线
		剥线（USB端/IP5端）
		分铜丝
		剪铝箔
		剥线皮（芯线）
工序二	USB焊接	线头镀锡
		焊接USB插头
		焊接目测检验
工序三	USB插头内膜安装	安装成型USB插头内膜
工序四	半成品电压测试（一）	半成品电压测试
工序五	B/C/L接头焊接	IP5端浸锡
		Micro-B接口、Type-C接口、Lightning接口焊接
		焊接目测检验
工序六	点胶	Micro-B接口、Type-C接口、Lightning接口点胶
工序七	屏蔽壳焊接	组装屏蔽壳
		激光焊接屏蔽壳、铆压
		屏蔽线屏蔽壳焊接
工序八	半成品电压测试（二）	半成品电压测试
工序九	内外膜安装	安装USB外膜
		IP5装内膜、修毛刺
		IP5装外膜
工序十	成品测试	成品电压测试
		成品带负载测试
		成品外观检验
工序十一	扎线包装	扎线包装

4. 设备选择与工、量具设计

根据万能数据线各工序所需工艺技术、工艺流程、工序划分等进行设备选择和工、量具选择或设计（详见5.3节）。

5. 工艺规程文件编制

万能数据线生产加工以设备加工过程较多，因此其工艺规程文件选用工艺卡片形式。通过对生产过程原材料、辅料的规格型号、数量选择确定，生产设备工装夹具的设计选型，产品质量检验的要求等方面的设计和对上述工艺流程图的分析制作出万能数据线工艺卡片。万能数据线线体预处理工艺卡片如图4-4所示。

线体预处理工艺卡片

产品名称	万用数据线		工艺卡编号			
产品型号	HGU-01		编制日期 2022.3.16			编制
			修订日期			审核
			版本 No.01			批准

工程序号	工程名	设备名称	管理项目 控制要点	控制基准	测试方法	管理方法 测试频率	担当者	责任人	备注
1	绕线	绕线机	注意绕线长度	整齐摆放	目视	全检	作业员	班长	
2	剥线（USB端/IP5端）	全自动计算机裁线剥线机	1）确认每根线外露长度符合要求 2）首先剥好外皮度的长度放入调好的机器，进行剥皮	符合规定要求	目视	全检	作业员	班长	
3	分铜丝	—	将USB端绿、白线上缠绕铜丝分离出来扭为两股铜丝	铜丝分好，不可有分离现象	目视	全检	作业员	班长	
4	剪铝箔	—	1）右手用刀片将铝箔沿剥皮处切一个小口，然后撕掉铝箔 2）注意割口长度	符合图样规格	目视	全检	作业员	班长	参考工程图样
5	剥线皮（芯线）	—	注意剥皮长度，将线头放进治具内进行剥外皮	符合规定要求	目视	全检	作业员	班长	

图 4-4　万能数据线线体预处理工艺卡片

第◆5◆章

设备精益化选型与设施精益化布置

5.1 设备精益化选型

5.1.1 设备选型的概念

设备选型，是指企业在购置设备时，根据本企业产品生产工艺要求和市场供需情况，从多种可以满足相同需要的不同型号、规格、价格、制造厂商的设备中，经过技术分析评价与经济分析评价，选择最佳设备选型方案，以做出购买决策的行为。

对于很多制造型企业来讲，一般都不具备设备的设计与制造能力，都是直接向设备制造厂商购买。因此，设备选型就成了很多制造型企业设备管理链条中的首要环节。

5.1.2 设备选型的主要内容

设备选型是一个复杂的决策问题，其复杂性体现在多个决策目标、多个决策变量以及决策难以做出精确的定量分析等几个方面。一般情况下，设备选型的主要内容包括：设备主要参数选择、设备可维修性选择、设备可操作性选择、设备经济性选择、设备环保与节能性能选择等。设备选型主要内容如图5-1所示。

1. 设备主要参数选择

设备是企业用来进行产品制造的核心硬件资源，因此，其主要参数是围绕着产品实现来设置的。设备主要参数一般包含两个方面：加工能力和工艺性能。

1）加工能力。对制造型企业来讲，它是通过产品制造来进行利润实现的，而设备加工能力是生产成本的重要构成部分，同时也是满足市场交付节点的重要保证，因此，设备的加工能力对企业尤其重要，是设备选型最主要的参数之一，也是评价设备性能优劣的最重要指标之一。

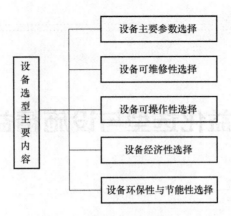

图 5-1 设备选型主要内容

设备的加工能力一般是用单位时间产量来衡量的，单位时间一般包括秒、分、小时、天、月、年等，有时候也用班次；产量单位一般包括个、支、吨（t）、米（m）、平方米（m²）、立方米（m³）等。例如，自动喷涂机器人的生产效率以每分钟喷涂的产品件面积来衡量，压力机的生产率以每分钟冲出的产品个数来衡量等。

需要注意的是，并不是所有设备都能够直接用"单位时间产量"来衡量加工能力，有些设备是无法直接计算单位时间产量的。对于这一类的设备，可以用与产品件加工速度相关的主要参数来衡量，例如，数控加工中心可以用主轴转速来衡量，烘干炉可以用功率来衡量。

2）工艺性能。工艺性能是指设备满足企业生产工艺要求的能力，也就是要符合企业产品制造工艺的技术要求，保证生产出合格的产品，这也是设备的主要参数之一。

设备的工艺性能是针对产品制造工艺技术要求而言的，不同的产品类型，对设备的工艺性能要求也不同。因此，对于设备工艺性能的衡量，无法形成统一的标准。一般情况下，对设备工艺性能的衡量都是根据其满足加工对象的制造工艺要求的程度来实现的。例如，加热烘干设备要满足产品制造工艺所要求的最高温度和最低温度要求、温度均匀性要求和温度控制精度等，金属切削设备要满足产品制造工艺所要求的加工零件尺寸精度、几何形状精度和表面质量的要求等。

2. 设备可维修性选择

设备可维修性是指设备在规定的条件下和规定的时间内，按照规定的程序和方法进行维修时，保持或恢复到完成规定功能的能力。

设备选型时，对设备可维修性应该从以下几个方面衡量和选择：

1）结构设计合理。设备结构的总体布局应符合可达性原则，即各零部件和结构应易于接近，便于检查与维修。

2）结构的简单性。在符合使用要求的前提下，设备的结构应力求简单，需维修的零部件数量越少越好，拆卸较容易，并能迅速更换易损件。

3）标准化与模块化原则。设备尽可能采用标准零部件和元器件，容易被拆成几个独立的部件、装置和组件，并且不需要特殊手段即可装配成整机。

4）结构先进。设备尽量采用自动调整、磨损自动补偿和预防措施自动化原理来设计。

5）状态监测与故障诊断能力。设备可以利用其本身具有的各种仪器、仪表、传感器和配套仪器来监测设备关键部位的温度、压力、电压、电流、振动频率以及设备输出参数动态等，以自动判断设备的运行状态和故障部位。

3. 设备可操作性选择

设备可操作性属于人机工程学的范畴内容，总的要求是方便、可靠、安全，符合人机工程学原理。

关于设备可操作性，企业在进行设备选型时通常要考虑以下事项：

1）操作机构及其所设位置符合劳动保护法要求，适合一般体型的操作者的要求。

2）充分考虑操作者生理限度，不能使其在法定的操作时间内承受超高体能限度的操作力、活动节奏、动作速度、耐久力等。例如，操作手柄的位置及操作力必须合理，脚踏板控制部位和节拍及其操作力必须符合人机工程学原理。

3）设备及其操作台的设计必须符合有利于减轻劳动者精神疲劳的要求。例如，设备的噪声必须小于规定值；设备控制信号、油漆色调、危险警示等必须尽可能地符合绝大多数操作者的生理与心理要求。

除上面基本要求外，设备操作控制的要求也很重要，一般要求设备操作轻便，控制灵活。产量大的设备自动化程度应高，进行有害有毒作业的设备则要求能自动控制或远距离监督控制等。

4. 设备经济性选择

设备经济性是指在满足工艺对设备性能要求的条件下，设备的经济消耗情况。任何设备能否在生产中得到应用，主要是由它的性能和经济性决定的，如果性能满足工艺要求，但是经济性太差的设备也是难以应用的。

关于设备经济性，企业在进行设备选型时通常要考虑以下事项：

1）费用指标，如设备的购置费和营运成本。营运成本包括原材料、能源消耗、运转维修费、设备操作人员工资、设备折旧费等。

2）收益指标，如设备的直接收益和使用费用节约额。

3）时间指标，是指设备的寿命周期。

设备选型时要考虑的经济性影响因素主要有：初期投资、对产品的适应性、生产效率、使用寿命、能源消耗、售后费用、维护修理费用等。

需要注意的是，企业在选购设备时不能简单寻求价格便宜而降低其他影响因素的评价标准，尤其要充分考虑设备投入使用以后产生的诸如停机损失、故障维修、备件以及能源消耗等各项费用，以及与之相关的各项管理费。企业应以设备寿命周期费用为依据衡量设备的经济性，在寿命周期费用合理的基础上追求设备投资的经济效益最高。

5. 设备环保性与节能性选择

设备环保性一般是指其噪声、振动和有害物质排放等对周围环境的影响程度。在设备选型时必须要求其噪声、振动频率和有害物质排放等控制在国家和地区标准的规定范围之内。

设备节能性是指设备使用过程中利用能源的性能。设备的节能性好，一般表现为能源利用率高。设备能源利用率越高，其能源消耗量就会越少。

设备的节能性一般以设备单位开动时间的能源消耗量来表示，比如，耗电量/h、耗气量/h。在化工、冶金和交通运输行业，也有以单位产品的能源消耗量来评价设备节能性能的，比如，布匹烘干耗电量/m^2。

需要注意的是，在设备选型时，无论哪种类型的企业，其所选购的设备必须要符合国家节约能源法规的要求。

5.1.3 传统设备选型思想的缺陷

在传统的设备选型思想里，基本上遵循的是设备选型三原则：生产上适用、技术上先进、成本上合理。这在以大批量生产为特征的大规模生产时代，还是适用的。但是，在以多品种、小批量为特征的时代，传统的设备选型思想原则就暴露出其先天缺陷，主要体现在以下几个方面。

1. 精细化程度不够

精细化程度不够，是指企业在进行设备选型时，没能从精益生产的视角去审视与设备选型的关联因素，对设备的关注点有缺项，造成所选用的设备在使用过程中容易给生产管理带来种种不便。

在以"大批量生产"为特征的大规模生产时代，生产管理模式基本上属于粗放型管理，其具有以下显著特征：

1）生产线各工序之间的均衡化程度要求不高，线平衡水平差。

2）生产线各工序之间有大量的在制品库存，用来支撑在制品在各工序之间的流转。

3）设备故障率高、稳定性差，设备需要紧急维修是常态。

以上特征产生的原因是企业在进行设备选型时对设备的关注度比较粗放，精细化程度不够，没能从精益的视角去审视。例如，只关注单台设备的产能，不关注上下工序产能节拍的匹配，造成线平衡水平差；只关注设备本身的产能和性能，不关注设备维保和维修的便捷性，造成设备故障频发、故障修理时间过长等。

2. 科学化程度不够

科学化程度不够，是指企业在进行设备选型时往往有随大流思想，或单纯依靠企业过往的经验，而没有科学依据为基础。比如，对于设备加工速度选择，盲目迷信高速度设备，未考虑与生产线其他设备的配合，导致生产线工序间生产能力不平衡；对于设备操作是否方便，不应根据经验判断，而应该根据人机工程学进行分析等。

科学化程度不够，往往会造成所选用的设备不符合企业应用实际，容易造成诸如设备的浪费、动作的浪费、人员的浪费乃至生产效率的浪费等。

3. 系统化程度不够

系统化程度不够，是指企业进行设备选型时，考虑的选型因素不够全面、前瞻性不够。

选型因素考虑得不够全面主要体现在：只关注产品加工过程，不关注产品的流转，容易造成在制品流转不畅；只关注设备的个体效率，不关注设备的整体效率，容易造成设备整体效率不理想；只关注设备的功能实现，不关注设备的使用环境和条件，容易造成设备投用后故障频发等。

前瞻性不够主要体现在：只关注企业现有产品加工性能要求，不关注企业将来改进产品加工性能的可能要求，容易造成产品加工性能升级，设备过时报废的现象；只关注设备的单一功能，不关注设备功能的柔性化，容易给产线柔性化带来障碍；只关注设备的操作性，不关注设备的可维护性，容易造成维保困难，致使维保不彻底，导致设备故障频发等。

5.1.4 设备精益化选型思想与原则

设备精益化选型，是指将"消除浪费、增加价值"的精益理念贯彻到设备的整个选型过程中，以最经济的成本实现所选用的设备精准符合企业实际需求。

1. 设备精益化选型思想

设备精益化选型的核心思想就是将"消除浪费、增加价值"的精益理念引入到设备选型阶段的各个环节，结合企业产品工艺要求、产品规划、市场需求、工厂布局以及现有产线（设备）状况等情报信息，通过对设备选型各个环节的增值过程分析，识别出设备选型各个环节存在的增值活动与非增值活动，并通过设备的精益化选型来实现增值活动的增加，以及非增值活动的降低或消除，以实现设备选型价值最大化。

2. 设备精益化选型五项原则

1）功能精益原则。主要有两个含义：一是指所选择的设备具有的功能要精准符合生产工艺需求，尽可能不选择任何与生产工艺需求无关的功能（安全功能除外）；二是指所选择的设备功能要具备"友好"的可扩展性与切换性，可以根据产品生产工艺的变化，快速转换或扩展功能，增加设备的柔性，以适应不同的产品加工需求。

2）性能精益原则。主要是指设备性能精准符合产品工艺需求，即设备的性能设计要正好满足客户对设备的性能要求，过高或过低都不可取。这就要求在设备选型时，要准确提出和定义企业对设备的性能需求。准确提出，是指要准确提出设备用途、设备精度、生产节拍等性能指标，把企业对设备性能的需求调研清楚。准确定义，是指要根据企业对设备性能指标的要求，用专业的设备专业术语来进行定义，即把企业的设备性能需求转化为设备设计参数，比如把企业对设备生产节拍的需求转化为设备转速。

3）结构精益原则。是指在设备选型时，要对设备的外形尺寸、安装固定方式、加工件出入口等结构进行分析，看是否符合精益思想。所选择的设备结构，一定要有利于实现设备的精益布局、便于维护和使用精益，减少因设备结构设计不精益造成的各种浪费。

4）操作精益原则。是指设备的作业面、操作台、按键区、指示灯等结构设计要符合精益思想，要有利于操作、有利于消除或减少操作人员动作的浪费。比如：设备选型时应优先考虑选择"横面窄、纵面宽"的设备，要特别注意操作台面的高度和宽度设计是否精益等。

5）维护精益原则。是指设备在设计时应充分考虑后期对设备进行维护保养时的方便性、快捷性，能够有效节约设备维护保养的时间成本和经济成本。为了易于设备维护工作的开展，在进行设备选型时，要重点考虑设备点检的可视化、污染源的防止以及自主保全（清扫、润滑、紧固）的便捷性。

5.1.5 设备精益化选型步骤及注意事项

设备精益化选型步骤主要包含：设备新增需求提出（输入）——设备需求分析——设备参数确定——设备选型方案确定（输出）四个步骤，如图5-2所示。

步骤一：设备新增需求提出

该步骤主要工作内容是准确提出企业的设备需求，作为设备选型方案的输入。该步骤是设备选型的起始环节，决定着后续工作质量，十分重要，注意事项有以下几点。

1）需求准确：有两层意思，一是指需求必须是客观的，是基于客观事实提出的；二是指需求必须是相关的，是基于设备对象的。

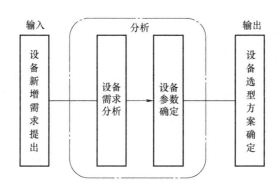

图 5-2 设备精益化选型四步骤

2）信息描述清晰无误：信息描述不能词不达意，也不能含糊不清，以免造成理解歧义。

3）前瞻性：基于现在，着眼未来，设备需求的提出要与企业市场发展战略、产能规划、产品规划相适应。

4）全局性：要从企业发展全局、行业发展全局的角度来审视设备需求。

步骤二：设备需求分析

该步骤的主要内容是对设备新增需求进行科学的分析论证，去伪存真，甄别出企业真正的设备需求内容，通常采用以下方法。

1）各类设备情报的运用：设备情报包括设备布局规划、设备使用环境、已有同类设备稳定性与可靠性情况、厂房结构、产品工艺要求、产能需求、产品规划、市场规划等信息，必须要结合上述设备情报对设备需求进行分析论证，方能识别出企业对设备的真正需求。

2）综合分析：设备是最重要的生产要素之一，也是最复杂的生产要素，要从功能、性能、结构、操作、维护、成本等方面进行综合分析。

3）工业工程方法的应用：工业工程是对人、物料、设备、能源和信息等所组成的集成系统进行设计、改善和实施的一门学科。应用工业工程方法对设备需求进行分析，可以有效提高分析结果的系统性、科学性和实用性。

步骤三：设备参数确定

该步骤的主要内容是将设备需求的分析论证结果以设备参数的形式总结出来，作为设备选型的参数标准，注意事项有以下几点。

1）参数确定客观：参数的确定必须要忠实于设备的客观需求分析。

2）参数整理齐全：设备的选型是依靠判断各个参数的匹配性来进行的，也可以说，参数就是设备选型的标准，因此参数必须整理齐全，缺一不可，以免造成因参数缺失而选择了不合适的设备。

3）参数描述准确：设备选型参数属于技术性语言，必须采用标准化术语来描述，以免引起歧义。

步骤四：设备选型方案确定

设备选型方案确定，即输出设备选型方案。注意事项有以下两点。

1）多个方案比较：由于设备选型所用到的参数众多，而且这些参数可以有多种排列组合方式，因此要根据设备选型需求制定多个设备选型方案，以便在方案评审时进行比较和选择。

2）专业评审：设备选型方案的比较确定，应以专业评审的方式进行，应把与所要选型设备相关的设备操作人员、设备维修人员、生产管理人员、财务人员、工艺工程师、产品设计工程师等组成评审组，对设备选型方案进行专业评审，以确定符合企业实际的最佳设备选型方案。

5.1.6 设备精益化选型在生产运作系统价值流中的增值作用

设备精益化选型在生产运作系统价值流中的增值作用主要体现在以下几个方面：

1）可以有效节省物理空间，减少生产运作系统的物理空间占用，提高厂房物理空间利用率。

2）可以减少设备非计划停机时间，提高设备利用率和生产运作系统时间利用率。

3）可以提高线平衡率，从而提高生产运作系统综合效率。

4）可以节约设备投资，有助于企业花费最少的成本购置到刚好满足企业实际功能需要的设备，避免企业花费过多的钱购置多余的设备功能，实现设备购置成本精益化。

5）可以提高环保水平，减少能源消耗，提高生产运作系统绿色制造水平。

6）可以提高生产线柔性生产能力，为企业建立多品种、小批量的精益生产方式奠定硬件基础。

7）有助于企业实现设备的流动化和生产线布局的弹性化，为企业缩短产品生产周期、快速适应市场需求变化、提升企业市场综合竞争力提供精益化产能支持。

5.2 设施精益化布置

5.2.1 设施布置的概念

设施布置也称设备布置，是指根据企业的经营目标和生产纲领，在已确定的物理空间场所内，按照从原材料的接收、零部件和产品的制造，到产成品包装、发运的全过程，将人员、设备、物料所需要的物理空间做最适当的分配和最有效的组合，达到系统内部布置最优化，以获得最大的经济效益。

5.2.2 设施布置的分类

传统上，设施布置分为三种基本类型：产品原则布置、工艺原则布置和定位布置。产品原则布置适合于大批量的重复性加工，工艺原则布置适于间歇加工，定位布置适合于不易移动或有特殊要求的加工方式。

1. 产品原则布置

产品原则布置，是指当产品品种少、批量大时，应当按照产品的加工工艺过程顺序来进行设施布置，形成流水式生产线或装配线。产品原则布置旨在使大量产品快速地通过生产运作系统。

产品原则布置的优点主要有以下几点。

1）产品产出率高，单位产品成本低。

2）每一产品都按工艺流程布置设备，因此加工件经过的路程最直接、最短，无用的停滞时间也最少。

3）操作人员效率高且所需培训少。

4）生产管理和采购、库存控制等工作也相对简单。

产品原则布置的缺点也比较明显，主要有以下几点。

1）要求购买较多的设备，设备投资较大，且设备的利用率相对较低。

2）对产品种类变化、产量变化、设备非计划停机等异常情况的响应性较差。

3）由于设备众多，为了避免停产，设备备用件的库存可能比较大。

2. 工艺原则布置

工艺原则布置，是指把同类型的设备和人员集中布置在一个地方，用于加工涉及较多工艺要求的产品，这类布置以完成相似活动的加工单元为特征。

工艺原则布置将同一加工类型的机器布置在一起，需要这些操作的加工对象按各自加工顺序依次流经各个加工单元，不同产品代表着完全不同的加工工艺要求和操作顺序。同时由多用途设备保证加工的柔性。这种布置方式通常适用于多品种小批量的加工方式，因为它增加了加工过程中的物流。

工艺原则布置的主要优点如下：

1）设备利用率高。

2）设备和人员的柔性度高，更改产品品种和数量方便。

3）设备投资相对较少。

4）操作人员作业多样化。

工艺原则布置的缺点主要有以下几点：

1）物流量大。

2）生产计划与控制较复杂。

3）搬运距离长，有回流，生产周期长。

4）库存量相对较大。

5）员工技能要求高。

3. 定位布置

在定位布置中，加工对象保持不动，而工人、材料和设备移动。定位布置应用领域较窄，通常用于重量、体积较大的加工对象，如飞机制造、船舶制造、重型机器制造等。这种布置方式中，对物料和设备移动的控制更为重要。

需要注意的是，这三种布置方式只是概念上的分类，不是绝对的划分，在现实中也有很多混合布置的实例，例如，生产线上线外返工零部件的加工设备放置，就是涉及混合放置的例子。工艺原则和产品原则代表小批量生产和大批量生产的两个极端，工艺原则具有比产品原则更大的柔性，产品原则比工艺原则更高效。随着科技和管理的不断进步，单元制造、成组技术和柔性制造系统的使用带来的单元布置技术正在成为现代设施布置研究的主要方式。单元布置具有柔性、高效、单位生产耗费低等特点。

5.2.3　设施精益化布置思想

设施精益化布置，是指通过对企业的布局结构现状进行调研分析，通过消除人、机、料、法、环各个环节上的浪费，来实现人、机、料、法、环五个要素的最佳结合的布局模式。

设施精益化布置追求物流、人流和信息流通畅，减少作业人员走动距离，方便一人多工序操作，同时还要适应产量变化，具有较高的柔性。

5.2.4　设施精益化布置六大原则

设施精益化布置六大原则（见图5-3）包括确保作业安全原则、保证标准作业原则、保证物流顺畅原则、有利于实现少人化生产原则、有利于质量控制原则、有利于设备保全原则，详情如下。

1. 确保作业安全原则

设施布置，首先要考虑作业人员操作的安全性。由于设施布置的紧凑和刚性连接，导致作业人员的工作空间受到限制，设施布置必须要站在作业人员安全作业的立场上，考虑消除影响作业人员安全的隐患因素。

1）加工点远离双手可达区域。设施布置时，要确保作业人员的双手不会受

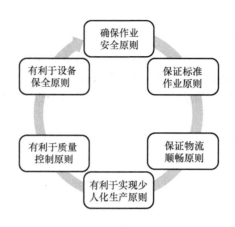

图5-3　设施精益化布置六大原则

到动力部分、机械运动部分的伤害。因此，设施布置时，设备的加工动作点必须远离双手可达到的范围，从物理空间上杜绝伤害作业人员的可能性。

2）作业时容易步行。在作业过程中，作业人员的行走通道必须是通畅的、无障碍的。行走通道的宽度必须有利于作业人员的正常行走，不能出现作业人员必须侧身通过、低头通过、弯腰通过等情况。另外，行走通道的地面必须是平整的，不能有突起物、踏台、运动的机械等。

3）启动按钮的保护。设施布置时，要考虑启动按钮安装的距离与位置，以避免因为疏忽而误动了按钮造成事故。启动按钮的安装位置最好是在作业人员的作业半径之外，保证作业过程中作业人员的四肢不会碰触到启动按钮。另外，如果启动按钮的位置已经固定在设备上，无法改变位置，可以考虑给启动按钮装上安全护盖，这些安全护盖只能从某一个固定方位才能启动，以防止误触而引发事故。

4）职业健康保护。设施布置时，还要注意作业人员的职业健康保护。要注意汽油、焊烟等毒害气体，蒸气、油污、粉屑等工业垃圾的排放设计。对于气体，最好采用集中式收集强排方式；对于液体和固体，最好采用集中式容器收集方式。要确保能够得到及时、彻底的收集与处理，以减少职业危害的发生。

2. 保证标准作业原则

精益生产运作系统的核心特征之一是推行标准化作业。标准作业顺序、节拍时间和标准在制品是构成标准作业的三要素。只有这三个要素共同作用，才可达到标准作业的目的：用最小限度的作业人员和在制品数量进行所有工序之间的同步生产。因此，设施布置必须符合标准化作业的特点和要求，以避免出现制造过多的浪费、等待的浪费等。

为了保证标准化作业的实现，设施布置需要从以下几个方面做好规划设计：

1）作业顺序一致化。其是指要按照产品制造顺序的流向进行设施布置，要形成"流水"。这种设施布置方式有利于作业人员遵循生产线运行规律，避免因作业人员不遵守作业顺序而造成事故，如：误把未加工完毕的工件传入后工序而导致机械损坏或停线等。

2）明确作业循环时间。作业循环时间（Cycle Time，CT），是指作业人员一个人进行标准作业时，毫不困难的、最快的一个循环的实际作业时间（包括步行时间，但不包括空手等待时间）。在进行设施布置时，要明确作业循环时间，保证生产运作系统有明确、清晰的生产步调。

3）明确标准在制品数量。标准在制品是指为了使生产活动能够重复、不间断地持续下去，工序内必需的最小限度的中间在制品。它包含安装在设备上加工的在制品，但是不包含最初工序的毛坯及最终的成品。标准在制品的数量与设施布置、作业顺序有着密切的关系，设施布置不同、作业顺序不同，维持生产流动所需的标准在制品数量也不同。设施布置必须有利于明确标准在制品数量，最好是能有益于明确最小的在制品数量。

4）逆时针方向操作。设施布置方向要能保证作业人员以逆时针方向操作。逆时针操作的好处是可以利用右手拿取工件。右手不但比左手灵活，力气也比左手大，更不容易疲劳，有利于作业效率的保证。

5）进行适当的作业组合。在进行设施布置之前，要对产线的所有工序进行山积图分析，找出可以进行作业组合的工序，在进行设施布置时进行作业组合。当然，这里所说的是进行适当的作业组合，并不是作业组合越多越好。

3. 保证物流顺畅原则

物流顺畅是指生产运作系统中的物流路线合理、物流速度快速、物流强度均衡，没有或极少出现缺料、待料、呆料等情况。为了达到物流顺畅的目的，设施布置要重点做好以下工作：

1）一头一尾存货，中间均衡快速流动。设施布置时，在整条生产线的线头设置原材料或半成品区，在生产线的尾部设置半成品区或成品区，并且要求生产线内部只能按照事前确定的标准在制品数量存放在制品，这样布置的好处是有利于实现生产线上物流均衡快速地流动。

2）优化搬运方法和搬运路径。在设施布置时，要想方设法减少搬运。搬运过程是不增值的活动，因此，搬运工作越少越好，搬运路径越短越好。同时，搬运路径设计时要尽量避免产生搬运迂回、交叉等现象，以提升搬运效率。

3）前后生产线尽量紧凑型布局。前后生产线紧凑布局，可以缩短搬运距离，同时有利于控制生产过程中在制品数量，实现生产连续流动。

4. 有利于实现少人化生产原则

按照精益生产思想，如果市场需求量发生变化，那么生产线的节拍也要随之变化。如果设施布置得当，那么生产线人员的配置也可以跟着节拍的变化而增减，从而最大程度地节约作业人员。

因此，设施布置必须要能实现无论作业人员多少，都能正常生产（产量和效率不同），即少人化生产。少人化生产不是裁员，是指企业能够弹性生产，可以按照客户的需求数量和时间要求，灵活设置人员结构和人员数量，人多人少都能生产。

要想达到少人化生产，设施布置时必须着重做好以下工作：

1) 实施U形布局。U形布局，是指依逆时针方向按照加工顺序排列布局生产线，并且设备与设备间不能有阻隔，使得生产流程的入口和出口尽可能靠近，类似于字母"U"，称之为U形生产线。它有O形、L形、C形、M形、V形等变化形式。U形生产线布局如图5-4所示。

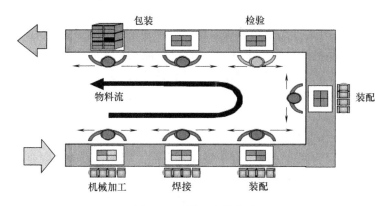

图 5-4　U形生产线布局

U形布局生产线具有以下优点：

① 能够按照生产计划需求量变化增减作业人员。产量需求增加时，作业人员增加；产量需求减少时，作业人员减少。前提是，作业人员必须是多能工，一人能够操作多个工序。

② 物料入口（第一道工序）与产品出口（最后一道工序）由同一个作业人员来操作，即进出料由同一人担当，便于生产节奏控制、生产数量控制和产品质量控制。

③ 便于作业人员相互协作，易于提高整条生产线的整体效率。

④ 步行距离最短，每位作业人员操作的工序成圆形，每一道工序与后一道工序相邻。

⑤ U 形线依逆时针按照制程顺序布局，以方便作业员在生产线内移动部件时使用右手做各项活动。

2）人与设备分工。作业人员的工作与设备的工作要区分出来，使作业人员仅做装料、卸料的动作，产品加工的动作全部由设备来做。这样，灵活配置作业人员、人-机作业组合变更也就变得容易。

3）启动按钮安装方式适当。设备启动按钮的安装方式也是设施布置需要重点考虑的内容，因为作业人员在生产过程中可能要频繁地操作启动按钮。依照精益生产思想，设备启动按钮也应该"流动化"，也就是采取可以任意变更安装位置的方式，不要固定在高高的位置上，使得作业人员每次按动启动按钮时，必须停顿下来，并且要举高手才能启动。启动按钮最好能够做成拨动式的，作业人员在走动的同时，用手一拨即可启动。

5. 有利于质量控制原则

精益生产思想中，在质量方面追求"零"缺陷。因此，设施布置必须要有利于质量控制。一般，为了更好地做好质量控制，设施布置时要着重注意以下几点。

1）确保可以开展产品全数检查。精益生产思想强调在生产过程中不能有不良品产生，不良品的产生会打断生产线的正常流动，干扰到整个生产线的顺畅性，进而使整个生产步调错乱。因此，设施布置时，要在生产线内设置产品全数检查的空间，必须要保证能够开展产品的全数检查，以防止不良品的产生、杜绝不良品的流出。

2）避免生产作业与产品检查相分离。设施布置要避免生产作业与产品检查相分离的情况，因为两者分离不利于根除不良品。因此，设施布置要有利于实现生产作业与产品检查的协调开展，即有利于设备操作人员在进行设备操作的同时，能够进行产品的检查检验，防止不良品的产生。

3）积极运用"自働化"⊖技术。设计、安装具有发现异常或缺陷并且能够使生产线或设备停下来的装置，以保证一旦有不良品发生时，生产线或设备能够自动停止运转。作业人员必须查明原因并采取措施防止问题的再次发生。

4）良好的作业环境。设施布置还要考虑环境问题，要给作业人员提供一个舒适的作业环境，例如良好的照明、通畅的换气、冷暖气供应等。良好的作业环境可以减少作业人员疲劳度，可以提高作业质量，从而提升产品质量水平，同时也可减少意外事故的发生。

6. 有利于设备保全原则

设施布置需要把设备和工装等硬件实现相对紧凑的工序衔接，以实现设备的

⊖ 自働化，精益生产用语。——作者注

精益化布局。但是，这样就有可能对设备、工装保全工作的开展带来挑战。因此，在进行设施布置之前，必须要考虑设备、工装的可保全性，以有利于在设施布置之后，设备及工装的日常保全、专业保全等维护性工作的开展。另外，也要考虑工装变更等不可预测性要素，预留工装转移空间，以实现设施布置之后的弹性和稳定。

1）预留足够的保全空间。设施布置时，必须考虑确保留有足够的保全操作空间。经常要开展保全作业的地方必须要容易操作，特别是需要进行日常保全的部位，一定要优先保证保全空间。

2）保全便捷化布局。对于不常动的部分，可以采取模块化管理，或采用移动设备的方式，以减少保全空间的需求。

除了以上六大原则之外，设施布置还要考虑整体协调性，要以工厂全局的眼光来审视整体协调性。比如原材料与零部件仓库设置、动力（水、电、风、气）供应点设置、生产线之间或车间之间的搬运路径设置以及预备扩充的生产空间等。

5.2.5 设施精益化布置在生产运作系统价值流中的增值作用

设施精益化布置在生产运作系统价值流中的增值作用主要体现在以下几个方面：

1）可以使物料搬运的距离最短，搬运的次数最少，并且避免物流交叉、迂回等不良现象的发生，减少搬运造成的浪费。

2）可以使物料在生产运作系统中快速流动，避免堆积存放，减少资金占用和积压。

3）可以提高设备利用率，充分发挥设备生产能力，提高设备投入产出比。

4）可以实现厂房物理空间的有效利用，提高空间利用率，减少厂房建设投资。

5.3 实践案例：万能数据线设备选型与设施布置实操解析 ◄◄◄

1. 设备精益化选型

根据第4章中的万能数据线生产工艺设计、生产工序划分等内容，根据设备功能精益、性能精益、结构精益、操作精益、维护精益等设备精益化选型的五项原则，详细分析各生产工序所需设备要求，综合考虑生产运作系统运行效率，从设备名称、规格型号、技术参数、设备数量几个方面进行了设备精益化选型。经调研、分析、研讨，万能数据线设备选型结果见表5-1。

表 5-1　万能数据线设备选型结果

生产工序	设备选型			
	设备名称	规格型号	技术参数	设备数量
线体预处理	绕线机	XTH-排序机	多用途绕线机，速度可调，最高转速 3000r/min，记忆组数 999 组	1
	全自动计算机裁线剥线机	多用途绕线机 ZS-680	可根据客户需求裁取不同长度的数据线并可以剥线材的外皮 生产率：3000~5000 件/h 切割 1 条，也可以定制同时切割 2 条、3 条、4 条	1
USB 焊接	全自动焊锡机	XC-10 1120mm× 730mm×1200mm	前端沾锡长度：3~15mm 后端沾锡长度：3~10mm 适用：点焊、弧焊 产能：20000~22000 条/h	1
USB 插头内膜安装	全自动压膜机（非标）	非标定制	可压铜箔、塑胶膜	1
半成品电压测试（一）	多功能数据线综合测试仪	DY-9067 425mm× 210mm×350mm	最高 1000V 测试电压 电容最大可测至 1000uF	1
B/C/L 接头焊接	自动焊接机	HX-001 900mm× 680mm×1050mm	一台机焊一种头。单次焊接数量 1 件	3
点胶	点胶机	ZCL-DJ300F 580mm× 600mm×680mm	胶量大小粗用、涂胶速度、点胶时间、停胶时间皆可参数设定 运行速度：x 和 y 方向均为 350mm/s、z 方向为 180mm/s	1
屏蔽壳焊接	数据线屏蔽罩激光焊接机	ZXL-200W 800mm× 650mm×950mm	激光焊接深度：0.6 激光上下行程：300mm 激光左右行程：200mm	1
半成品电压测试（二）	多功能数据线综合测试仪	DY9067 425mm× 210mm×350mm	最高 1000V 测试电压，电容最大可测至 1000μF	2
内外膜安装	全自动压膜机（非标）	非标定制	可压铜箔、塑胶膜	2
成品测试	多功能数据线综合测试仪	DY9067 425mm× 210mm×350mm	最高 1000V 测试电压，电容最大可测至 1000μF	1
扎线包装	打包机	FDKZB350X 4020mm× 745mm×1220mm	可加配置：打码机、打孔装置、排气装置 包装速度：10~200 包/min	1

2. 设施精益化布置

设备精益化选型结束后，就可以按照第 4 章中的万能数据线工艺流程和生产工序划分等进行设施精益化布置。

根据本书第 2 章兴华公司年度产品销量预测，兴华公司所需生产的万能数据线总共有两种，每种批量都很大，属于典型的少品种大批量生产方式，因此其设施布置方式选用产品原则布置，即按照流水线方式实施布置。

从本书第 4 章可知，万能数据线工艺流程图如图 5-5 所示，按照产品工艺流向，根据万能数据线工艺卡要求的作业内容逐个布置各工序所选用的设备及作业区域，形成连续作业的生产线。

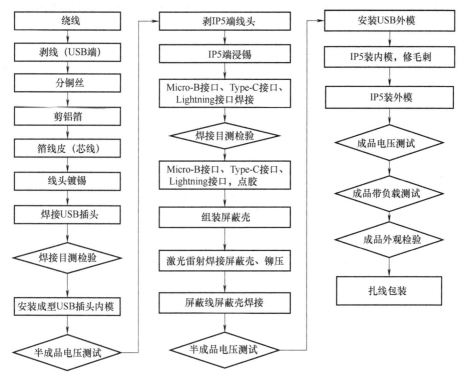

图 5-5 万能数据线工艺流程图

全部设施初步简单排列完成后，需要根据设施精益化布置六大原则，综合考虑车间实际场地环境，进行调整优化，主要从以下几个方面进行优化设计。

1）需要保证万能数据线生产过程中的原材料、在制品、成品等流转顺畅，同时物料转运距离尽可能短，保证总物流强度最小。物流强度大的工序或设备需要紧凑布置。另外，由于万能数据线体积和重量较小，各工序之间可以采用滚筒线的方式进行物料传输。

2）由于万能数据线生产过程中设备类作业较多，需综合分析设备与人员的工作强度及饱和度，考虑一人多机、少人化生产等布置方式。

3）根据第 2 章可知兴华公司厂房已建好，为规则长方形，长 60m，宽 30m，高 6m。因此，万能数据线生产线整体布局可采用 U 形布局方式。

4）因人机结合作业较多，为便于人员作业，设备的朝向、设备控制面板区、上料区、下料区等需符合人机工程原则，以减轻作业强度、提高作业效率。

5）万能数据线整个生产流程中有 3 个专检质量控制点，因此布置时需设置 3 个在线专检区域，减少因检验而造成的搬运浪费。

6）绕线机、点胶机、自动焊接机、剥线机、点锡机、打包机等设备都属于相对精密设备，需要开展日常维保，因此，设备布置时，需要预留顺畅的设备维护通道和充足的维修作业空间，以方便开展日常维保和维修作业。

7）整体布局完成后，需要组织召开评审会，重点评审现场安全、现场整体协调美观等问题，以保证该布局下没有安全隐患，同时车间整体布局整洁、顺畅、美观。

通过以上优化设计，万能数据线生产设施布局图如图 5-6 所示。

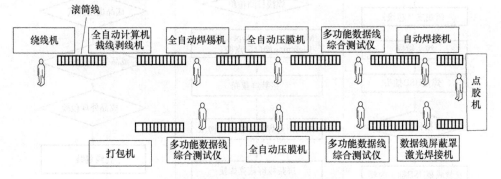

图 5-6　万能数据线生产设施布局图

标准工时制定

6.1 标准工时概论

6.1.1 标准工时基础知识

1. 标准工时的概念

标准工时（Standard Allowed Minutes，SAM）由科学管理创始人泰勒首先提出，该概念起源于泰勒的《科学管理原理》。

标准工时是指操作熟练程度和技术都达到平均水平的作业人员按规定的作业条件和作业方法，用正常速度生产规定质量的一个单位产品时所需要的时间，是企业进行科学化、标准化、精益化管理的必要手段，也是企业管理的重要组成部分。

2. 标准工时构成

标准工时主要由标准作业时间、辅助时间构成，如图 6-1 所示。

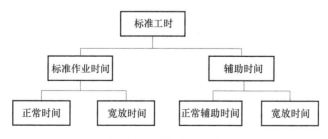

图 6-1 标准工时构成

常用的标准工时公式见式（6-1）：

$$标准工时 = 标准作业时间 + 辅助时间 \qquad (6-1)$$

1）标准作业时间。标准作业时间是由工艺过程决定的，主要是指直接增加产品价值的人工或者机器设备时间消耗。标准作业时间包括正常时间和宽放时间两个部分,当宽放率以正常时间百分比表示时,则用式(6-2)计算:

$$标准作业时间=正常时间+宽放时间=正常时间×(1+宽放率) \qquad (6-2)$$

式中,正常时间是指以正常速度完成一项作业或操作单元所需要的时间。

2)辅助时间。辅助时间是指生产作业人员为了保证完成基本工艺过程而进行的各种辅助操作所消耗的时间,主要包括:取放物料、取放工具、装卸工件、产品检验等动作所消耗的时间。辅助时间的基本特征是随每一工件重复出现。除了机器人工作站、全自动数控机床以及其他自动化生产系统外,辅助时间通常都是通过人体的活动来实现的。

需要注意的是,无论是对于标准作业时间还是辅助时间,我们都需要考虑它们的宽放时间。宽放时间是指因为操作者的个人需要和各种不可避免的延迟因素所浪费的时间,比如,作业人员疲劳、机器维修、模具更换等,它的主要作用是用来对于标准作业时间和辅助时间进行修正。

宽放时间又分为作业宽放、生理宽放、个人宽放和管理宽放等。在对于时间的研究中,宽放时间通常表现为宽放率,见式(6-3):

$$宽放率=\frac{宽放时间}{正常时间}×100\% \qquad (6-3)$$

注意,宽放时间并不等于无效时间。无效时间是指由于管理不善或者工人控制范围内的原因造成的人力、设备的空闲等待时间,简单来说就是无效时间带来的浪费,比如等待的浪费、搬运的浪费、动作的浪费等。

另外,标准工时也不是一成不变的,它会伴随着生产作业人员技术水平和熟练程度的不断提高而发生变化,也会伴随着生产工艺改善、设备更新等作业条件的改变而改变。因此,企业每隔一段时间,都需要对标准工时进行新的测定和核算。

3. 标准工时相关术语

1)生产节拍。生产节拍(Takt Time,TT),是指应该用多长时间生产一件产品的目标时间值,它是由市场销售情况决定的,与生产线的实际加工时间、设备能力、作业人数等无关。TT决定了生产线所需要的最低产能,见式(6-4):

$$TT=\frac{每天生产时间}{客户每天需求量}×100\% \qquad (6-4)$$

2)循环时间。循环时间(Cycle Time,CT),可以是一个产品总的循环时间,即各工序标准工时总和;也可以是一个生产工序的循环时间,即单工序标准工时。生产线中每道生产工序都有自己独立的CT,CT的长短取决于生产工序和生产线的实际生产能力。本书中的CT主要指单工序CT。

将各生产工序的CT和TT进行对比,便可以确定哪些生产工序的产能需要提升、哪些生产工序的产能有富余，可以为生产线平衡改善及标准工时优化提供方向。

6.1.2 标准工时测定方法

测定标准工时的主要方法包括秒表测量法、摄像法、工作抽样法、预定时间标准法和标准资料法等，不同生产环境可选择不同的测量方法。标准工时的测定往往是多种方法应用的结果。

1. 秒表测量法

秒表测量法，即秒表时间研究，是测时法的一种常用方法。它以流水线上的生产工序为研究对象，按照事先确定的观测次数使用秒表对观测对象进行连续观测，以测得的时间数据作为计算该作业的标准作业时间，秒表测试法测定步骤见表 6-1。

表 6-1 秒表测试法测定步骤

步骤	工作内容
1	仔细观察作业对象
2	观察作业人员 3~5 个循环
3	分解观察作业对象，分解成机构作业要素
4	按照作业顺序，在记录表上记录作业要素
5	运用秒表秒测时间
6	记录作业要素时间
7	累计工序作业要素时间
8	在记录表上记录必要外来事项时间
9	根据作业周期，决定观测次数
10	整理秒测时间，测定标准工时

由于测定时间的选择完全是随机的，因此，观测结果具有充分的代表性。另外，用秒表测量法进行观测的次数是根据科学的计算确定的，是能保证规定精度要求的。观测结果的误差可在观测之前根据抽样的次数和总体中各单位时间标志的差异程度，事先通过计算，将其控制在一定范围之内，因此，计算结果是比较可靠的。

需要注意的是测试对象的选择。由于测试是以操作者的速度与熟练程度来进行评比的，因此测试对象必须是合格、熟练的操作者。

2. 摄像法

摄像法，是指利用摄像机拍摄下来的作业视频，精确地分析研究作业时间及细微的动作要素（简称动素）的方法。

利用摄像法，研究人员可以将摄像机采集到的作业视频按照需要进行慢速播放和重复播放，与在作业现场直接观测方法相比，研究人员将有更多的观察分析时间，也可以尽可能避免观测遗漏和观测盲区的产生。另外，研究人员还可以利用计算机软件自动剔除无效动作，也可以实现对动作流程的重塑，有助于确定出更为准确的标准工时。

基于摄像法的标准工时测定流程如图6-2所示。

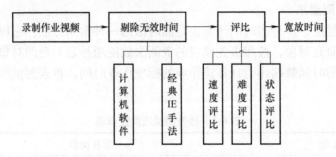

图6-2　标准工时测定流程

3. 工作抽样法

工作抽样法，又称间接时间研究，是对作业者和机器设备的工作状态进行瞬时观测，调查各种作业活动事项发生的次数以及发生频率的方法。

工作抽样法的特点是采取间断性观测的方法，需要通过大量的随机观察，不需要使用秒表就可以直接观测操作者的作业时间。当确认了操作者是在工作状态还是处于空闲状态，按"工作"和"空闲"分类记录发生次数，不记录事件的延续时间。通过对样本的分析计算出百分比，对操作者实际工作时间和空闲时间的百分比做出估计。

工作抽样法并不关心具体动作所耗费的时间，而是估计人或机器在某种行为中所占用的时间比例。例如，加工产品、提供服务、处理事务、等候指示、等候检修或空闲等，这些都可视为某种"行为"，都会占用一定的时间。对这些行为所占用时间的估计是在大量观察的基础上做出的。其基本假设是，在样本中观察到的某个行为所占用的时间比例，一般来说是该行为发生时实际所占用的时间比例。

从这样的样本观察中所获得的数据除用于作业测定外，还可以用来估计人或设备的利用率、确定在其他作业研究方法中已经讨论过的宽放时间、确定工作内容以及估计成本等。

4. 预定时间标准法（模特法）

预定时间标准法，也称模特法，是指把人们所从事的所有作业都分解成基本动作单元，经过详细观测，对每一种基本动作都根据它的性质与条件，制作成基本动作的标准时间表。当要确定实际工作时间时，只要把作业分解为这些基本动作，从基本动作的预定时间表查出相应的时间值，累加起来作为正常时间，再适当考虑宽放时间，就可以得到标准工时。

预定时间标准法实施步骤如图6-3所示。

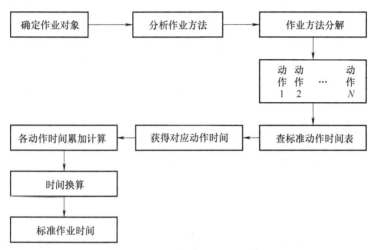

图6-3　预定时间标准法实施步骤

5. 标准资料法

标准资料法，是指对由秒表测时法、摄像法、工作抽样法、预定时间标准法等获得的测定值进行分析整理，组成有关作业标准时间的基本数据，将该数据应用于同类工作的作业条件上，使其获得标准作业时间的方法。

标准资料法的基本用途就是用来制定工序或作业的标准工时。由于标准资料本身的内容及综合程度的差别，还有具体用途上的差别，有的标准资料专门提供各种生产条件下作业宽放率、个人需要与休息宽放率数据，有的标准资料专门提供确定机械设备加工时间的基础数据等。

6. 各类标准工时测定方法优缺点分析比较

各类标准工时测定方法优缺点分析比较见表6-2。

表6-2　标准工时测定方法优缺点分析比较

方法名称	优点	缺点
秒表测量法	误差较小；随机性较强，无主观意识影响	具有局限性，主要用于对重复进行的操作寻求标准时间
摄像法	操作简单；可以重复再现影像，并进行详细分析	不容易看清楚动作的细微处；需要熟悉设备的操作

（续）

方法名称	优点	缺点
工作抽样法	测定效率高、经济性高；观测者无须接受专业训练	观测样本数较大；不能详细反映个别差异
预定时间标准法	无须进行时间观测，只需要了解操作的动作序列	没有将作业性质以及作业条件考虑进去，难以达到预期要求
标准资料法	对众多观测资料分析整理而成，衡量标准比较统一，数据资料有较高的一致性；合成时间不需再评比，可减少主观判断的误差	是利用其他作业测定方法制定的，并不能从根本上取代其他测定方法

6.1.3 标准工时的用途

1. 标准工时的应用范围

标准工时的应用范围非常广泛，通过标准工时系统的实施，可实时掌握现场生产作业人员或生产线的作业状态，根据需要灵活安排及调度生产线作业人员，提高生产效率。

另外，通过系统的标准工时统计数据，可以为企业生产计划部门、财务部门和人力资源部门等相关部门提供准确的标准工时、产能及效率数据，可以直接用于企业产能核算、效率评价、人员匹配、设备配置、标准作业、成本管控等，无须再耗费大量的人力进行统计、核算。

2. 标准工时的用途

1）产能核算。通过标准工时，可以得到生产线上不同作业工位生产每件产品所需要的标准工时。依照各产品的标准工时，可以核算分析出各产品的实际生产能力。

2）效率评价。生产效率是对标准时间达成程度的衡量，有了标准工时就可以计算在多少时间内完成多少产品，以评价作业人员或生产线的效率高低。

3）人员匹配。生产计划拟定后，可依据标准工时精确核算出所需工时和作业人员数量，再根据作业工位设置进行人员匹配，核算出所需具体作业人员数量。

4）设备配置。通过标准工时，能够较为精确地核算出企业完成生产目标所需的生产设备数量，可以作为企业进行设备合理配置的依据。

5）标准作业。标准作业是以人的动作为中心、没有浪费的操作顺序有效地进行生产的作业方式，而标准工时，是制定标准作业的基础。

6）成本管控。通过标准工时可以精确核算产能、进行人员精确匹配和设备精确配置，以减少产能浪费、人员浪费和设备浪费，从而进行成本管控。

6.1.4 标准工时在生产运作系统价值流中的增值作用

标准工时在生产运作系统价值流中的增值作用主要体现在可以帮助企业提升生产计划排程精细化水平、提升生产负荷均衡化水平、提升人工成本管控精准化水平等几个方面。

1. 提升生产计划排程精细化水平

利用标准工时，企业生产计划部门可以制定出更精细的生产计划排程，有助于提高生产计划执行效率。另外，标准工时也是高级计划与排程（Advanced Planning and Scheduling，APS）、制造执行系统（manufacturing execution system，MES）等制造信息化系统实现精细化排程的基础依据。APS、MES 等制造信息化系统可以依据订单需求数量和需求时间、标准工时、日有效工作时间等，自动排出各生产工序精确的生产作业日计划、周计划。

精细化的生产计划排程有助于企业实现生产运作系统价值流的快速流动，以保证现场各工序间在制品数量最优且可控、交付周期稳定且可控。

2. 提升生产负荷均衡化水平

标准工时可作为企业进行设备和人员调整的客观依据。依据标准工时，企业可以准确核算出未来一段时间内生产变化时所需的生产设备和人员数量，以便提前做好相关预案，从而减少或避免人员和设备资源冗余或短缺等情况的出现，以实现企业生产负荷均衡化。

标准工时保证了工作负荷均衡化，使每个人、每台设备都发挥出其最大价值，有助于企业生产运作系统整体价值创造能力提升。

另外，标准工时作为进行生产管理改善的科学工具之一，已广泛得到生产一线作业人员和生产管理者的一致认可，根据标准工时进行生产负荷均衡化分配和调整，更容易被生产一线作业人员接受和执行。

3. 提升人工成本管控精准化水平

通过标准工时可详细核算出每件或每批产品的人工成本，消除传统的批量成本模糊的弊端，实现人工成本精细化管理，有助于企业合理接单和安排生产，实现人工成本控制精细化。

6.2 标准工时的制定

标准工时的制定过程，是一个系统、严谨的过程，主要包括：资料收集、动作单元划分、测时、测时结果修正、计算宽放时间、计算标准工时等六个步骤。

6.2.1 资料收集

在制定某项生产工序标准工时之前，必须先对该生产工序的作业过程进行详细完整的了解，也就是需要提前收集制定该生产工序标准工时所需要的相关资料。相关资料一般包括以下内容。

1）能够迅速识别研究内容的资料：如生产计划、作业流程等。

2）能够准确识别产品及其物料的资料：如产品设计图样、工艺文件、BOM 等。

3）能够正确识别生产程序、作业内容的资料：如作业指导书、检验指导书等。

4）能够准确识别作业者自身特征的资料：如作业者岗位技能水平，被测时心理、生理、健康情况等。

5）有关工作环境的资料：识别并记录有无影响正常作业的环境因素等。

6.2.2 动作单元划分

一般情况下，一个生产工序内可能包含多项作业动作，且作业动作的性质复杂多变，给标准工时测定带来了不便。为了有利于标准工时测定，应对各生产工序进行分析，将包含多个作业动作的生产工序人为划分成若干动作单元，保证单一动作单元的动作数量尽可能少且动作性质一致。动作单元划分的合理与否，将直接影响标准工时测定的准确性。动作单元具体划分步骤如下：

1）每一个动作单元应有明确的起点和终点。在各动作单元作业循环中，一个动作单元中止到另一个动作单元开始的瞬间称为分解点或定时点，在划分动作单元时，必须明确分解点。

2）单元时间越短越好，但要保证时间观测人员能够精确测量为宜。

3）人工动作单元应与机器作业单元分开，时间测量主要是测量人工作业。

4）不变单元与可变单元应分开。不变单元是指在各种情况下，其动作时间基本相等的单元；可变单元是指因加工对象尺寸、大小、重量的不同而变化的单元。

5）规则单元、间歇单元和外来单元分开。规则单元是加工每个工件都会规则性出现的单元；间歇单元是指加工过程中偶尔出现的单元；外来单元是偶发事件，且将来不需列入标准工时内。

6）动作时间标准仅用于其特定的动作，所以每个单元应有完整而详细的说明，或记于时间研究表内，或另附说明。

6.2.3 测时

资料收集、动作单元划分完成后，就需要选择合适的标准工时测定方法（秒表测时法、摄像法、工作抽样法、预定时间标准法、标准资料法等）进行测时。

测时时，最好事先设计准备好测时专用表格，用以进行现场观测、记录、统计和分析计算，提高测时效率和测时质量。

6.2.4 测时结果修正

通过测时，只能够测量出某个作业人员个人的平均时间，可能比标准动作快，也可能比标准动作慢，此时的测时结果还不能作为标准工时。需要通过一定的评比系数予以修正，使动作慢者变快，快者变慢，从而使之成为正常时间。

所谓评比，也称为工作评定法，是一种判断或评价技术。它在测时过程中，以一个熟练工人用正常速度进行作业所用时间为标准，对工人的实际状态和作业速度进行判断和评价，通过采用评比系数将不同被观测者（作业人员）的实际操作时间值调整到与正常时间值相等的水平。常用的评比方法有以下四种。

1）速度评定法，亦称速度评比法。它是以合格作业人员的正常作业速度为标准，判定被测作业人员实际作业速度，以百分率的方式确定系数，用评定系数调整观测作业时间的一种方法。正常作业时间的计算见式（6-5）：

$$正常作业时间 = 观测时间 \times 速度评定系数 \qquad (6-5)$$

2）平准化法，又称为因素评定法或西屋法。它为 20 世纪 30 年代美国西屋电气公司首创，是应用最为广泛的评比方法。它将熟练、努力、工作环境和作业一致性等四个因素作为衡量被观测者作业的主要评比因素，每个因素分最优、优、良、正常、较差、差六个等级，并设计相应的系数。评比时由测时人员根据操作者的工作情况，分别对这四个因素定出等级系数，然后将各因素的系数相加，即得到一项操作完整的评定系数。平准化法的计算见式（6-6）：

$$正常作业时间 = 实测时间 \times 因素评定系数 \qquad (6-6)$$

3）客观评定法，亦称两次评比法。由曼德尔（M. E. Mundel）创立，以考虑作业速度和工作难度的客观依据来确定评定系数，调整观测时间，将观测者主观因素的影响减至最低。

客观评定分为两个步骤。第一步，观测被观测者作业速度，并与客观的标准速度相比较，确定两者适当的比率，作为第一个调整系数。第二步，根据影响该项工作的有关因素，利用工作难度调整系数作为第二个调整系数。这一评定是建立在客观基础上的，其评定方法与因素评定法相似，把各种因素逐项衡量，得出调整系数，再把各调整系数累加，即可得到第二次工作难度调整系数。客观评定法的计算见式（6-7）：

$$Ta = O \cdot P \cdot (1-S) \tag{6-7}$$

式中　Ta——正常时间；

　　　O——实测操作时间的平均值；

　　　P——速度标准评定系数（第一次调整）；

　　　S——工作难度调整系数（第二次调整）。

4）合成评定法，亦称合成评比法。它为莫罗（R. L. Morrow）首创。这种方法是被观测者的实测时间值与预定时间相比较，得到该操作的比较系数，再取其平均系数，作为该观测周期中所有操作单元的评比系数，其计算见式（6-8）：

$$评比系数 = \frac{预定时间标准}{相同操作单元实测平均时间} \tag{6-8}$$

6.2.5　计算宽放时间

所谓宽放时间，是指在完成作业时用于补偿个人需要、不可避免的延迟以及由于疲劳而引起的效能下降等在标准时间上增加的时间。

1. 宽放时间的组成

宽放时间由作业宽放、车间宽放、人的宽放、疲劳宽放与其他宽放组成。

在设定作业宽放和车间宽放时，应考虑在作业过程中往往是否存在无效作业需要进行改善，因此，在设定这两项宽放之前，要首先改善无效作业，并在此基础上进行作业方法和动作的标准化，然后再把在现有条件下不可能解决的或不能避免的延迟作为宽放来确定。

人的宽放，也叫生理需要宽放时间，就是与作业本身无关的、人们心理和生理要求的宽放时间，如上厕所、喝水、擦汗等需要的时间。它不能作为净工作时间的百分之几加在净工作时间中，而只能以一天工作时间的百分比加在宽放时间中。

作业时，由于疲劳会使作业速度降低，所以需要给予疲劳宽放时间，可以按作业者的能量消耗基础代谢量的倍率来表示，但是如果在下达劳动定额时考虑了疲劳因素，如采用难度系数，就不需再给出疲劳宽放。

其他宽放时间，指作业者初学或在熟练过程中的宽放时间、机械的影响和作业不均衡的宽放时间、季节等环境变化的宽放时间等。

2. 宽放率的计算方法

判断一个作业要素是属于正常作业要素还是属于宽放要素的主要原则，是看该要素是否有规律地发生。如果是有规律的发生，则属于正常作业要素。例如，在4个周期中有规律地出现一次不规则要素，应将该要素时间值的1/4分摊在每一周期中作为正常时间的一部分。而对那些不规则的非周期要素的时间值，则不能纳入正常时间中。但这些要素的存在却使作业不可避免的中断，因此应作为宽放要素，其时间值按宽放时间处理。例如，不定期地清理切屑、向机床注油、更换刀具及调整机床等，都是宽放要素，要给出宽放时间。

求标准时间时，宽放时间一般不给出具体时间值，而是以比率的形式表示。下面介绍两种求宽放率的方法。

1）外乘法，即在单位净工作时间内，要给与多少宽放时间，其计算见式（6-9）：

$$宽放率 = \frac{宽放时间}{净工作时间} \times 100\% \tag{6-9}$$

注意，如采用外乘法计算出宽放率，则标准时间计算见式（6-10）：

$$标准时间 = 正常时间 + 宽放时间 = 正常时间 \times (1 + 宽放率) \tag{6-10}$$

2）内乘法，宽放时间占总工作时间的比率，即在一完整的工作时间内（包括净工作时间与宽放时间），要给与多少比例的宽放率，其计算见式（6-11）：

$$宽放率 = \frac{宽放时间}{净工作时间 + 宽放时间} \times 100\% \tag{6-11}$$

注意，如采用内乘法计算出宽放率，则标准时间计算见式（6-12）：

$$标准时间 = 正常时间 \times \frac{1}{1 - 宽放率} \tag{6-12}$$

例题：小张是一名工业工程师，现计划对其进行观测并计算标准时间。经过一天（上班时长为 8 小时，即 480 分钟）的现场观测，小张一日工作观测见表 6-3。

表 6-3　小张一日工作观测

序号	工作内容	时长/min
1	打扫办公室、倒垃圾	10
2	烧水沏茶	10
3	领导安排工作	10
4	去洗手间	10
5	与同事闲聊	15
6	无目的发呆	15
7	中间休息	60

由观测表可知，小张一日工作的净工作时间和宽放时间：

工作净工作时间 = 480 − (10 + 10 + 10 + 10 + 15 + 15 + 60) = 350min

宽放时间 = 10 + 10 + 10 + 10 + 60 = 100min

与同事闲聊、无目的发呆两项内容是工作的一种异常延迟，不应算在宽放时间内。则，外乘法宽放率与内乘法宽放率计算如下：

1）根据外乘法宽放率计算公式（6-9）计算可得

$$外乘法宽放率 = \frac{宽放时间}{净工作时间} \times 100\% = \frac{100}{350} \times 100\% = 28.57\%$$

2）根据外乘法宽放率计算公式（6-9）计算可得

$$内乘法宽放率 = \frac{宽放时间}{净工作时间+宽放时间} \times 100\% = \frac{100}{100+350} 100\% = 22.22\%$$

假设正常专业时间为20min，则小张一天的标准时间计算如下：

1）根据标准时间计算公式（6-10），采用外乘法宽放率计算标准时间为

标准时间 = 正常时间 + 宽放时间 = 正常时间 × (1 + 宽放率) = 20 × (1 + 28.57%) = 25.71min

2）根据标准时间计算公式（6-12），采用内乘法宽放率计算标准时间为

$$标准时间 = 正常时间 \times \frac{1}{1-宽放率} = 20 \times \frac{1}{1-22.22\%} = 25.71min$$

由此可见，无论采用外乘法宽放率，还是内乘法宽放率，最终算出的标准时间都是相同的。

6.2.6 计算标准工时

经过前边几个步骤，将测得的时间经评比系数修正为正常时间，再加上宽放时间，即可得到标准工时，具体计算如图6-4所示。

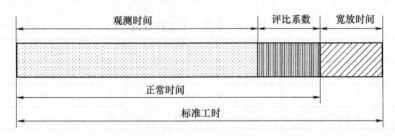

图6-4 标准工时的计算

标准工时常用表达式见式（6-13）：

$$标准工时 = 正常时间 + 宽放时间 \qquad (6\text{-}13)$$

式中，正常时间 = 观测时间 × 评定系数

6.2.7 标准工时制定注意事项

标准工时制定时需重点注意以下事项：

1）选择合适的工时测定方法。工时测量方法多样，需根据观测对象的实际作业情况选择最适合的测定方法。

2）减去或消除无效时间。通过观察作业人员工作时的状态以及记录的数据，很容易发现作业人员在工作过程中存在的各类浪费动作，比如，反复拿取物料、空手动作、双手不协调等，这些都属于是无效时间，在工时测量分析时需予以减去或消除。

3）工时测量过程中，要注意及时记录工作环境、作业人员劳动态度、工作效率等信息。这些信息都是后期进行定额宽放的参考依据。

4）识别并剔除异常值。如果发现记录的诸多数据值当中出现了与其他绝大多数数据值差别较大的个别数据，这种数值就被认定为异常值，需要及时剔除。

6.3 实践案例：万能数据线标准工时制定实操解析

根据兴华公司生产工艺流程和生产工序，万能数据线流水线初步划分为：线体预处理、USB 焊接、USB 插头内膜安装、半成品测试（一）、B/C/L 接头焊接、点胶、屏蔽壳焊接、半成品测试（二）、内外膜安装、成品测试、扎线包装等 11 个工序。每个工序选用标准熟练工人进行正常作业，通过秒表测量法连续测量 5 次，先初步测量出各个工序的正常作业时间，见表 6-4。

表 6-4 秒表测量表

序号	工序名称	第1次/s	第2次/s	第3次/s	第4次/s	第5次/s	平均观测时间/s	评比系数	正常作业时间/s
1	线体预处理	22.0	21.5	21.8	21.6	21.5	21.7	1.00	21.7
2	USB焊接	18.0	18.7	18.9	18.0	19.0	18.5	1.00	18.5
3	USB插头内膜安装	17.0	17.5	17.2	17.4	17.4	17.3	1.00	17.3
4	半成品电压测试（一）	16.0	16.2	15.4	15.4	16.0	15.8	0.98	15.5
5	B/C/L接头焊接	24.0	25.0	25.2	25.0	24.8	24.8	0.96	23.8
6	点胶	15.0	16.0	15.6	17.0	17.5	16.2	1.00	16.2
7	屏蔽壳焊接	19.0	19.6	19.8	20.0	20.1	19.7	1.00	19.7

（续）

序号	工序名称	第1次/s	第2次/s	第3次/s	第4次/s	第5次/s	平均观测时间/s	评比系数	正常作业时间/s
8	半成品电压测试（二）	21.0	22.0	23.0	21.5	22.4	22.0	1.00	22.0
9	内外膜安装	25.0	25.2	25.5	25.1	25.2	25.2	0.98	24.7
10	成品测试	23.0	23.1	23.2	23.4	23.1	23.2	1.00	23.2
11	扎线包装	14.0	15.0	14.2	14.5	14.6	14.5	1.00	14.5

万能数据线各工序生产作业相对简单，且工作量较轻，产品切换也较少，因此各工序工时宽放系数设计为0.05，通过标准工时公式（6-12）可得出各工序标准工时见表6-5。

表6-5　万能数据线各工序标准工时

序号	工序名称	正常作业时间/s	宽放系数	标准工时/s	工位数量（个）	作业人数（人）
1	线体预处理	21.7	0.05	22.8	1	1
2	USB焊接	18.5	0.05	19.4	1	1
3	USB插头内膜安装	17.3	0.05	18.2	1	1
4	半成品电压测试（一）	15.5	0.05	16.3	1	1
5	B/C/L接头焊接	23.8	0.05	25.0	1	1
6	点胶	16.2	0.05	17.0	1	1
7	屏蔽壳焊接	19.7	0.05	20.7	1	1
8	半成品电压测试（二）	22.0	0.05	23.1	1	1
9	内外膜安装	24.7	0.05	25.9	1	1
10	成品测试	23.2	0.05	24.3	1	1
11	扎线包装	14.5	0.05	15.2	1	1

通过上表可知目前工时最大工序为内外模安装工序，标准工时为25.9s，工时最短工序为扎线包装工序，标准工时为15.2s。

根据精益生产思想，生产线产出节拍应由客户需求决定，因此产线设计节拍应能够满足客户最大需求。

根据万能数据线年度产品销量预测表，见表6-6，可知万能数据线7月份需求最多，该月需求量达18000根。

表6-6　万能数据线年度销量预测表　　（单位：根）

月份	1月	2月	3月	4月	5月	6月	7月	8月	9月	10月	11月	12月
白色	6000	5000	8000	5000	7000	9000	10000	8000	7000	9000	7000	8000
黑色	5000	3000	6000	5000	5000	7000	8000	7000	4000	8000	3000	4000
合计	11000	8000	14000	10000	12000	16000	18000	15000	11000	17000	10000	12000

万能数据线生产线产能规划时，在最大需求量基础上上浮20%以应对销量需求波动，因此万能数据线产能规划设计为月产量18000×1.2=21600根，每月按照工作时间22天，每天上班8h计算。

员工每天8h工作时间内，早班会用时5min，班中集中休息15min，班后设备维保及现场5S用时10min，因此8h内可用在数据线生产的有效工作时间为7.5h。此时客户需求TT为27.5s。

$$TT = \frac{22 \times 7.5 \times 60 \times 60}{21600} = 27.5s$$

生产线最大工序标准工时为25.9s，符合客户节拍需求，因此该生产线规划设计产能能够满足客户需求，该生产线的设计能够达到企业预期目标。

物料消耗定额制定

7.1 物料消耗概述

7.1.1 物料

物料，是我国生产领域中的一个专业术语，是指产品生产所用到的物质材料。

一般来说，物料有广义和狭义之分。狭义的物料，是指产品生产所用的原材料。广义的物料，一般包括与产品生产有关、在生产领域流转的所有物品，如原材料、辅料、零部件、外协件以及生产过程中必然产生的边角余料、废料等。

7.1.2 物料消耗定额

物料消耗定额，也称材料消耗定额，是指在一定生产技术条件下，生产单位产品或完成单位工作量所必需消耗的物料数量的标准。

一定的生产技术组织条件，是指企业的生产技术条件、工艺方法、管理水平、物料的质量状况、员工的业务素质、自然条件等。所有这些条件，对物料消耗定额的高低都有直接的影响。生产同一种产品所消耗的同一种物料，由于生产技术组织条件的不同，物料消耗定额往往也是不同的。

单位产品，是指以实物单位表示的一个产品，比如一个电子元器件、一块手表、一块饼干等。

单位工作量，是指以劳动量指标表示的某项工作，比如搬运 1000kg 钢材、装卸 500kg 物料等。

注意，这里的单位产品或单位工作量应是符合产品标准或合同规定的技术条件的合格产品或有效工作量。

物料消耗定额，通常用绝对数表示。比如生产一台冰箱需要消耗多少千克铝合金，就用 kg/台来表示。有些物料消耗定额则用相对数表示，如石油化工、铸造、冶金、木材加工等行业用配料比、成品率、损耗率、锯材出材率等来表示。

7.1.3 实行物料消耗定额管理的意义

一个企业，完成其单位产品或单位工作量消耗物料高低水平，是反映其生产技术和科学管理水平的重要标志。科学合理的物料消耗定额，对于促使企业合理使用物料、降低物料消耗、促进生产发展、提高经济效益都有着十分重要的意义。

1. 编制物料计划的重要依据

物料计划中的物料需求量，是根据生产计划和物料消耗定额计算出来的。物料消耗定额是制订企业生产物料申购计划、物料供应计划、物料配送计划等物料计划的重要依据。

2. 实施物料科学管控的重要基础

有了物料消耗定额，企业就可以根据定额要求，按照生产计划进度，及时、精准地进行物料供应。同时，还可以开展按定额限额发料、按定额检查督促物料使用、按定额开展物料核销工作、按定额核算合理的物料储备等，从而实现对物料的科学管控，保障企业生产活动的正常有序进行。

3. 实现增产节约的重要途径

物料消耗定额从制度上明确规定了产品生产物料消耗的数量标准。有了物料消耗定额，就能有依据地实施物料精细化管理，监督和促进各车间、班组在生产过程中合理使用物料、降低物料消耗，从节约中求得增产，从低消耗中获得高效益。

4. 开展成本核算的有力工具

物料消耗定额是企业制订成本控制计划、开展成本核算的重要依据。利用物料消耗定额可以较为精确地进行产品成本核算，为企业产品销售定价、产品销售利润核算、制定市场销售战略等提供支持。

7.1.4 物料消耗定额的分类

在物料消耗定额管理工作中，将物料消耗定额进行合理分类，对于高效开展物料消耗管理具有非常重要的意义。物料消耗定额有多种分类方法，常用的有以下类别：

1. 按物料在产品中起的作用不同分类

按照物料在产品中所起的作用不同，物料消耗定额分为主要材料消耗定额和辅助材料消耗定额两类。

主要材料消耗定额，是指构成产品实体的材料消耗定额。

辅助材料消耗定额，是指按生产工艺耗用，但未构成产品实体的材料消耗定额。

2. 按物料消耗定额的综合程度不同分类

按物料消耗定额的综合程度不同，物料消耗定额可分为单项物料消耗定额和综合物料消耗定额两类。

单项物料消耗定额，是指按具体规格的产品和材料逐一制定的定额，适用于企业内部的车间或分厂等生产部门物料管理使用。

综合物料消耗定额，是按扩大规格的产品、生产单位和材料规格综合而成的定额，适用于企业物料定额管理部门测算使用。

3. 按物料是否与工艺要求有关分类

按物料是否与工艺要求有关，物料消耗定额可分为工艺消耗定额和非工艺消耗定额两部分，如图 7-1 所示。

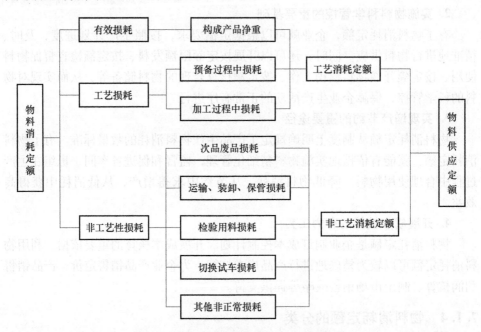

图 7-1　工艺消耗定额和非工艺消耗定额

1）工艺消耗定额。它是指生产加工过程中应达到的原材料正常消耗的数量标准，是原材料成本控制中生产投料数量的依据。工艺消耗定额一般包括有效损耗和工艺损耗。工艺消耗定额是由企业生产技术水平所决定的。

有效损耗，又叫产品本身的消耗，是指构成产品的材料净耗，如产品净重的消耗或净含量的消耗。有效损耗是物料消耗最主要的部分，这部分消耗是由企业产品设计所决定的，充分反映了产品设计的水平。

工艺损耗，是指在生产准备和加工过程中，由于改变材料物理或化学性能所产生的物料消耗。例如加工过程中的切屑、铸造中的烧损、下料过程中的边角余料等。工艺损耗的大小主要受工艺技术条件和作业人员操作技术水平的影响。

因此，企业应当不断提高产品设计技术和生产工艺技术，力求把工艺消耗定额降到最低限度。

工艺消耗定额一般由工艺部门负责制定，经过采购、生产等部门会签后，由相关部门进行执行。

2）非工艺消耗定额。它是指在生产准备和加工过程以外，由于非工艺技术原因而产生的损耗数量，即产品净重和工艺损耗以外的原材料损耗数量。它包括由于次品废品而产生的损耗；由于运输、装卸保管等而产生的途耗、库耗；由于供应条件不符合要求而产生的损耗；由于其他原因，如丢失、变质等造成的损耗等。这部分消耗一般都是由管理不善造成的，并非产品制造所必须，因此应尽力避免和减少。

非工艺消耗定额一般根据物料质量情况等，由采购部门和质量部门参照实际情况制定。

7.1.5　物料消耗定额在生产运作系统价值流中的增值作用

对于企业来说，开展物料消耗定额管理与控制十分重要，它对保障企业生产运作系统的低成本、高效率运行具有非常重要的作用。其主要体现在以下几个方面。

1. 有助于精准编制物料需求计划

物料需求计划，是确定计划期内生产经营活动正常进行所需各种物料的计划，计划中除需要包含物料的品种、型号、规格、技术条件和时间外，还要确定各种物料的需求量和采购量。

编制物料需求计划，主要是根据生产任务计划和物料消耗定额来计算出各类物料的需求量。如果物料消耗定额制定得偏高，增大了物料的需求量，将会造成物料剩余和积压呆滞，形成浪费，从而增加生产成本。如果物料消耗定额制定得偏低，则很容易造成生产过程中出现物料短缺，使物料供应和生产计划之间出现脱节，影响生产的顺利进行。

由此可见，物料消耗定额是精准确定物料需求量、精准编制物料需求计划的重要依据。如果没有物料消耗定额，制订物料需求计划就失去了依据，也就不可能编制出精准的物料供应计划，企业也就很难进行正常的组织生产了。

2. 有助于消除或减少停工待料情况的发生

物料消耗定额就是为了应对生产和物流等过程中的物料损耗而设计的，如果不考虑物料消耗定额而严格按照 BOM 需求进行物料采购和配送，很容易造成仓库物料短缺或生产现场停工待料，使价值流中断或停滞，增加在制品库存并拉长生产周期，不利于产品生产的顺利进行。因此，实施科学的物料消耗定额管理，可以帮助企业减少甚至消除因物料供应短缺造成的停工待料情况，保障企业生产运作系统的顺利运行。

3. 有助于开展企业成本控制与优化

企业成本控制与优化是企业提高经济效益的主要措施之一。在制造型企业，产品成本是企业成本管理的主要对象之一，而物料成本又是构成产品成本的最重要部分之一。因此，高质量开展物料消耗定额管理，对企业开展成本控制与优化有非常大的帮助，主要体现在以下几个方面：

1）有了科学合理的物料消耗定额，企业才能实行科学严谨的限额发料管理，才能使企业供应部门按照生产进度，定时、定量地组织物料精准供应，从而保障生产运作系统的顺畅运行。

2）在制造型企业，物料成本是构成产品成本的最重要部分之一，它涉及的面很宽，从产品设计、加工技术、生产工艺、操作方法，到物料采购、运输、储存等都与之有关。科学合理的物料消耗定额，能为企业开展经济核算，特别是成本核算和物料消耗指标的制定提供可靠依据。

3）物料消耗定额能够帮助物料采购部门准确地核算出生产订单所需各类物料的数量，以供采购部门编制准确的采购计划，实现按需采购，降低后期补货的频率，降低采购成本。同时，物料消耗定额标准还有助于仓储管理部门确定物料最高储备和安全储备标准，可作为仓储部门合理控制库存和准时化物料配送的依据，从而降低库存成本。

综上，企业利用物料消耗定额开展企业成本控制和优化，对降低企业生产运营成本、提高企业产品市场竞争力、提高企业综合盈利能力具有非常重要的意义。

7.2　物料消耗定额的制定与管理

物料消耗定额的制定，包括定质和定量两个方面。定质即确定所需物料的品种、规格和质量要求；定量即确定物料消耗的数量标准。

7.2.1　物料品种、规格和材质的确定

依据产品设计 BOM，确定该产品生产所需物料的品种、规格和材质。

注意，物料消耗定额中的物料品种、规格和材质必须与产品设计 BOM 中的相关信息严格统一，不能擅自更改或更换。

7.2.2　物料消耗数量标准确定方法选择

物料消耗数量标准的确定主要有经验估计法、统计分析法、技术计算法和实

际测定法等四种方法。

1. 经验估计法

经验估计法，是物料消耗定额编制人员根据技术人员、生产作业人员的实际经验和掌握的资料，结合参考有关技术文件（如产品设计图样、工艺规程）和产品实物，考虑计划期内的生产技术组织条件等因素来估计制定的。

这种方法简便易行，工作量最少，但主观因素较多，科学性和准确性较差一些。一般是对品种繁多而占用资金较少的物料，或在缺乏技术资料和统计资料的情况下采用。

为了提高经验估计法的质量，充分考虑广大员工经过努力可以达到这一因素，一般采用加权平均概率的方法。其计算见式（7-1）：

$$M = \frac{a + 4c + b}{6} \tag{7-1}$$

式中　　M——加权平均概率求出的物料消耗定额；

　　　　a——先进的消耗数量，即最少的消耗数量；

　　　　b——落后的消耗数量，即最多的消耗数量；

　　　　c———一般的消耗数量。

经验估计法一般适用于单件小批或者在技术资料和统计资料不全的情况。

2. 统计分析法

统计分析法是根据以前物料消耗的实际统计资料，考虑到计划期内生产技术和生产组织条件的变化等因素，经过对比、分析、计算，从而制定物料消耗定额的方法。

但是，在运用这种方法的过程中，由于过去统计资料往往比较保守，未能充分反映先进的因素，因此为了提高统计分析法制定消耗定额的效果，确保定额的先进合理性，一般尽量采用平均先进定额计算方法，其计算见式（7-2）：

$$平均先进消耗定额 = \frac{平均实际消耗量 + 最少实际消耗量}{2} \tag{7-2}$$

统计分析法简单易行，但必须有健全和准确的统计资料，一般适用于大批量生产的产品。

采用统计分析法制定物料消耗定额，工作量不大，但准确性要比经验估计法高，适用面也比较广，只要有比较健全的统计资料，都能采用这种方法。但由于它是以过去的统计资料为依据，定额的准确程度在很大程度上取决于统计资料的准确性，而且由于物料消耗的统计资料一般比较笼统，因而在一定程度上会影响消耗定额的质量。所以在运用统计分析法时，对统计资料必须进行深入细致的分析。

3. 技术计算法

技术计算法是按照构成定额的组成部分和影响定额的各种因素，如产品设计结构、配方、工艺要求、所用设备、原材料质量以及生产作业人员的技术水平和熟练程度等，通过科学分析和技术计算，从而制定物料消耗定额的方法。

例如机器制造企业可根据产品零部件图样和工艺文件，对产品零部件的形状、尺寸、材质进行分析计算，确定其净重，然后对各道加工工序进行技术分析，确定其合理的工艺损耗，最后将这两部分相加，得出产品零件的物料消耗定额。

这种方法要求具备完整的技术资料，通过一定的计算程序，工作量较大，技术性较强，因而使用范围受到定额的限制。一般来说，凡是设计图样和工艺文件比较齐全、产量较大的产品，对主要原材料消耗定额的制定，采用这种方法比较适宜。

技术计算法是根据产品图样和工艺资料进行分析计算。它是通过科学计算，确定最经济合理的物料定额的方法。技术计算法准确、科学，但工作量大，而且要求具备完整的技术文件和资料，所以这种方法主要用于产品定型、产量较大、技术资料较全的产品。

4. 实际测定法

它是运用现场秤（重量）、量（尺寸）和计算等方式，对作业人员操作时的物料实耗数量进行测定，然后通过分析研究，制定物料消耗定额的方法。

运用这种方法时，应注意生产条件和作业人员的典型性、代表性。测定次数一般不应少于三次，以便于比较真实地反映出物料的实际消耗水平，避免偶然性。

实际测定法的优点是切实可靠，能消除某些消耗不合理的因素，但它受一定生产技术条件和测定人员以及作业人员水平的限制，从而可能影响到定额的精确程度。一般在生产批量大、周期短、工艺简单、涉及加工工种和人员较少的情况下采用较多。

上述几种制定物料消耗定额的基本方法，主要是就单项定额而言的。制定物料消耗综合定额，则要在单项定额基础上，针对不同情况采用不同的方法。

1）由零件物料消耗定额，按整机综合。这种综合方法比较简单，只要把组成整机的全部零件物料消耗定额进行汇总求和即可。

2）按不同型号、规格的同种产品或大类产品进行综合。前者如滚动轴承，后者如金属切削机床。在制定物料消耗综合定额时，应自下而上，逐级综合。根据各种产品单位物料消耗定额和各种产品的数量或在该类产品中所占比重，采用加权平均法求得。

7.2.3　物料消耗定额的制定

工艺消耗定额主要包括有效损耗和工艺损耗。产品（或零件）净重是原材料的有效消耗，是物料消耗定额的基本构成部分。工艺损耗是由于技术加工或生产操作的特性所引起的补充消耗，是不可避免的，但应力求减少。

在实际工作中，通常把工艺消耗定额简称工艺定额。通常所讲的原材料消耗定额，就是指这种定额，其计算见式（7-3）：

单位产品工艺消耗定额＝单位产品净重＋各种工艺损耗的重量总和

$$=单位产品净重×(1+各种工艺损耗占产品净重的百分比)$$

$$(7-3)$$

非工艺性损耗一般是由工作中的管理不善造成的，并非产品制造所必需的物料消耗，因此不应包括在物料消耗定额之内，否则就会削弱定额对生产管理的促进作用，造成物料的"合理"浪费。

但是，在一定的生产技术组织条件下，有些非工艺性损耗又是难以完全避免的。为了保证生产需要，确保供应，就需要在工艺消耗定额的基础上，按一定比例加上这部分损耗。一般以物料供应系数来表示。这样计算出来的定额，通常叫作物料供应定额，其计算见式（7-4）：

$$物料供应定额＝工艺消耗定额×(1+物料供应系数) \qquad (7-4)$$

式中，物料供应系数 $=\dfrac{单位产品非工艺性损耗}{工艺消耗定额}$。

在实际工作中，物料供应系数一般可按有关的统计资料分析研究确定。但非工艺性的废品损耗，对材料使用率的影响很大，应力求减少到最低，因此，某些企业在确定材料供应系数时，规定了严格的废品率加以控制。

上述两种定额各有不同的作用。工艺消耗定额是企业进行班组核算、成本核算以及向车间、班组发料和考核的依据，而物料供应定额则作为计算物料需求量和确定申请量或采购量的依据。

7.2.4 辅助材料和其他物料消耗定额的制定

辅助材料和其他物料，由于品种繁多，使用情况比较复杂，其消耗定额的制定方法也各不相同，应根据实际情况分别加以确定。

1. 辅助材料消耗定额制定

辅助材料消耗定额制定，一般都采用比较粗略的计算方法。由于辅助材料的使用面很广，有工艺用的、包装用的、维修用的、劳保用的等。在制定定额时要找出这些材料与哪些因素有依存关系，然后按照不同方法加以制定。

1）与主要原材料结合使用的辅助材料，可按照主要原材料单位耗用量的比例计算。比如生产一吨纸浆需要多少黏合剂。

2）与产品数量有关的辅助材料，可按单位产品来制定。比如包装用木箱、塑料袋可按单位产品数量确定，电镀、热处理用的各种化工原料，可按单位面积与单位重量来确定。

3）与设备运转时间或工作有关的辅助材料，可按设备运转时间与工作日来计算。比如润滑油可按设备运转时间计算。

4）与使用期限有关的辅助材料，可按规定的使用期限来确定。比如清扫工具、劳保用品等。

此外，对有些难以与其他因素换算的辅助材料，可根据统计资料或实际情况确定，有的也可按产值确定其消耗定额。

2. 其他物料消耗定额制定

其他物料主要包含燃料、水、电、蒸汽、压缩空气、工具、刀具等。以电消耗为例，一般可先按设备类别和实际启动功率计算每小时电力消耗量，然后再按每种产品所需设备小时数，确定单位产品的消耗定额。比如，采用电加热熔炼金属时，可直接按每吨炉料计算其消耗定额。

在具体制定时，一般可采用实测分析法或统计分析法来制定其他物料消耗定额。

7.2.5 物料消耗定额文件与评审下发

一般，物料消耗定额文件采用《物料消耗定额卡》（单位产品材料消耗综合定额明细表）的形式。它以每种产品为对象，列出每件产品所需要的各类材料的物料名称、规格型号、用量和单位。物料消耗定额卡见表7-1。

表7-1 物料消耗定额卡

公司名称	消耗定额卡		文件编号		
			版本		
	产品型号		发行日期		
	生产/装配线		页码	第 页	共 页
序号	物料名称	规格型号	用量	单位	备注
标记	更改数	更改文件号	日期	编制	
				校对	
				审核	
				批准	

物料消耗定额卡编制完成后，需要组织产品设计人员、工艺设计人员、质量管理人员和生产管理人员进行评审，根据评审意见进行修订后，按照公司技术文件签审流程签审后，正式下发使用。

7.2.6 物料消耗定额制定注意事项

为确保高质量开展物料消耗定额的制定工作，在进行物料消耗定额制定时，还需要注意以下事项：

1）要全员参与和多部门协作，动员设计、工艺、生产、质量等部门人员积极参与物料消耗定额的制定和评审，以增强物料消耗定额编制的科学性、合理性。

2）要针对从设计到生产等整个流程，综合运用精益生产相关工具方法，不断对产品设计、生产工艺设计、仓储与物流管理、生产组织与管理等方面进行优化改进，尽可能降低物料消耗定额。

3）要注重物料消耗定额标准与物料消耗实际的结合，定期统计实际消耗，分析原因，持续优化定额标准。

4）要从企业全局出发，以提高企业综合效益为目标开展物料消耗定额编制。

7.2.7 物料消耗定额管理

物料消耗定额制定完成，是物料消耗定额管理的开始。

物料消耗定额管理，是指制定、审查和批准的物料消耗定额在应用、修正、评价和一系列技术和经济活动所进行的计划、组织、指挥、监督等工作总称。

为了充分发挥物料消耗定额的作用，物料消耗定额管理需要重点做好以下工作。

1. 建立物料消耗定额管理制度

各种物料消耗定额的制定、修改、监督、检查等都必须有相应的部门和人员负责。一般，工艺消耗定额（主要原材料、重要辅助材料及工艺用燃料）由产品设计和工艺部门负责；动力用燃料、润滑油、水、电、蒸气、压缩空气、工具、刀具等辅助材料消耗定额由设备动力部门负责。另外，物料控制部门和财务部门还要负责监督、检查物料消耗定额管理的执行情况。

2. 物料消耗定额的检查考核

在物料消耗定额执行中，要定期对物料消耗定额执行情况进行检查考核，其主要目的是检验物料消耗定额与生产中实际消耗物料情况的相符程度，及时发现物料消耗定额执行中存在的偏差和问题，分析产生差距的原因，为以后制定和修改物料消耗定额积累有关资料和提供信息支撑。

3. 物料消耗定额的修订

物料消耗定额为一定时间或一定基础条件下的数量标准，不是一成不变的，它只能在一定时间内保持不变。物料消耗定额应是一个平均先进水平的数量指标，不能完全依照目前的生产实际。物料消耗定额一旦被制定下发使用，企业应该按照定额标准进行物料供应及使用。但若出现以下情况时，企业应及时修正物料消耗定额标准。

1）产品设计出现变更。

2）加工工艺或生产设备出现变更。

3）原定额标准存在遗漏或错误时。

物料消耗定额一般至少一年修订一次，由采购部门或仓储部门提供一段时间内物料实际消耗情况，作为物料消耗定额修订参考。非特殊情况，物料消耗定额应持续向减小方向修正。尤其要注意，由于管理原因造成非工艺损耗超出定额标准，此时要做的是提升企业管理水平，而不是增大物料损耗。

7.2.8 物料消耗定额管理注意事项

物料消耗管理，是一个长期、持续、动态的管理过程，也是一个持续改进、管理水平逐渐提升的过程，企业在开展物料消耗定额管理时，还要注意以下事项。

1）在产品设计中贯彻节约原则，优化产品设计，减少构成产品或零件净重的物料消耗。

2）采用先进工艺，尽可能减少工艺性消耗。

3）在保证产品质量的情况下，采用新材料和代用品，以减少物料损耗。

4）提升企业管理水平，降低运输、保管、使用过程中的非工艺性损耗。

5）减少生产过程中的物料浪费，并进行废旧物料回收等。

7.3 实践案例：万能数据线物料消耗定额制定实操解析

根据万能数据线设计 BOM 表可知，万能数据线生产所需物料种类总共 30 种，大部分物料规格较小，价钱较低，但质量精度要求较高。为保证数据线生产不断料，需根据设计 BOM 清单、各工序生产技术、物料来料情况、存储转运过程损耗、生产过程损耗等情况制定合理的物料消耗定额。

根据企业之前在老车间的物料消耗使用情况，新车间物料消耗定额制定采用经验估计法和技术计算法相结合的方法进行制定。统计分析各物料到货合格率、存储转运损耗、现场报废损耗、工艺损耗等影响消耗定额的各个数据情况。

根据统计，线体类物料到货合格率 99.5%，壳体、卡圈类零件物料到货合格率为 98.5%，胶芯等塑胶物料到货合格率为 99%。物料到货后在仓储存放时间 10 天左右，存放时间短且保管防护较好，根据数据统计发现，存储转运损耗为 0。现场生产过程中因员工或设备的作业不稳定也会造成物料现场使用时直接报废，据统计现场线体类物料损耗为 4%，壳体、卡圈等零件类物料现场报废损耗为 2%。同时生产过程中还会产生物料工艺损耗，胶芯等塑胶物料工艺损耗为 8%，线体类物料工艺损耗 5%，壳体、卡圈类零件物料无工艺损耗。综合分析以上各类损耗，制定出万能数据线物料消耗定额表见表 7-2。

表7-2 物料消耗定额表

兴华公司物料消耗定额表

产品型号		万能数据线	版次	A/1
文件编号		20220301-001	页码	1/1
发行日期		2022.03.15		
设计BOM				

序号	物料编码	物料名称	规格型号	数量	单位	来料不良损耗	生产报废损耗	工艺损耗	备注
1	31321200001	Type-c 公头壳体	长21.20mm, 宽(2.00±0.1)mm, 孔距2.5mm, 黄铜冷压	1	件	1.5%	2.0%	0.0%	
2	31211200002	Type-c 焊盘	GHW-JRC15A	1	件	1.5%	2.0%	0.0%	
3	31331200003	Type-c 胶芯	LCP/PBT	1	件	1.0%	2.0%	8.0%	
4	21331200004	Type-c 塑胶外壳	NON-PVC 无卤	1	kg	1.5%	2.0%	0.0%	
5	21331200005	Type-c 卡圈	NON-PVC 无卤	1	kg	1.5%	2.0%	0.0%	
6	21331200006	Type-c 尾卡	NON-PVC 无卤	1	kg	1.5%	2.0%	0.0%	
7	31321130007	Micro-B 公头壳体	标准6.8mm, SPCC T=0.2, 铁壳电镀镍盐雾24h	1	件	1.5%	2.0%	0.0%	
8	31211130008	Micro-B 焊盘	201不锈钢电镀	1	件	1.5%	2.0%	0.0%	
9	31331130009	Micro-B 胶芯	PBT UL94V-0	1	件	1.5%	2.0%	0.0%	
10	21331130010	Micro-B 塑胶外壳	NON-PVC 无卤 其他辅料	1	kg	1.5%	2.0%	0.0%	
11	21331130011	Micro-B 卡圈	NON-PVC 无卤	1	kg	1.5%	2.0%	0.0%	
12	21331130012	Micro-B 尾卡	NON-PVC 无卤	1	kg	1.5%	2.0%	0.0%	
13	31311120013	Lightning 公头壳体	标准7.5mm, 全面镍底50~80μ", 整体镀金	1	件	1.5%	2.0%	0.0%	
14	31211120014	Lightning 焊盘	WIKF16	1	件	1.5%	2.0%	0.0%	

兴华公司物料消耗定额表

产品型号			万能数据线	版次	A/1
文件编号			20220301-001	页码	1/1
发行日期			2022.03.15		（续）
设计 BOM					

序号	物料编码	物料名称	规格型号	数量	单位	来料不良损耗	生产报废损耗	工艺损耗	备注
15	31331120015	Lightning 胶芯	LCP UL94V-0	1	件	1.5%	2.0%	0.0%	
16	21331120016	Lightning 塑胶外壳	NON-PVC 无卤	1	kg	1.5%	2.0%	0.0%	
17	21331120017	Lightning 卡圈	NON-PVC 无卤	1	kg	1.5%	2.0%	0.0%	
18	21331120018	Lightning 尾卡	NON-PVC 无卤	1	kg	1.5%	2.0%	0.0%	
19	31321210019	USB A 型公头卡扣	12mm×4.5mm，铜料 C2680，镀镍	1	件	1.5%	2.0%	0.0%	
20	31331210020	USB 胶芯	LCP 防火阻燃料/PBT，普通料	1	件	1.0%	2.0%	8.0%	
21	21331210021	USB 塑胶外壳	NON-PVC 无卤	1	kg	1.5%	2.0%	0.0%	
22	21111200022	镀锡铜网屏蔽层	镀锡铜 1800mm	1	mm	0.5%	4.0%	5.0%	
23	21111120023	铝箔屏蔽层	铝箔 1800mm	1	mm	0.5%	4.0%	5.0%	
24	31131160024	PVC 内皮	PVC 1800mm	1	mm	0.5%	4.0%	5.0%	
25	31111010025	30AWG 镀锡铜	镀锡铜 1800mm	1	mm	0.5%	4.0%	5.0%	
26	21111120026	裸铜公共 GND	铜 1800mm	1	mm	0.5%	4.0%	5.0%	
27	21111010027	22AWG 红色正极	铜 1800mm	1	mm	0.5%	4.0%	5.0%	
28	21111010028	22AWG 裸铜负极 GND	铜 1800mm	1	mm	0.5%	4.0%	5.0%	
29	21131110029	抗拉拉纤维绳	尼龙 1800mm	1	mm	0.5%	4.0%	5.0%	
30	21131160030	PVC 外皮	PVC 1800mm	1	mm	0.5%	4.0%	5.0%	

编制： 校对： 批准： 会签：

物料消耗定额表编制完成后，组织产品设计人员、工艺技术人员、质量管理人员和生产管理人员进行评审，根据评审意见进行修订，然后按照公司技术文件签审流程签审，所有签审流程走完并盖公司技术文件章后，方可正式下发使用。

文件正式下发后，采购人员按照消耗定额表进行物料采购，仓储和生产管理人员按照消耗定额表进行现场物料管控。同时设计、工艺、质量、生产等各部门需持续优化降低物料损耗，当现场发生管理提升或技术提升使物料损耗降低时，物料消耗定额表需随之进行修正。

第◆8◆章

PFMEA设计

8.1 PFMEA 概述

8.1.1 FMEA 的定义

失效模式及后果分析（Failure Mode and Effects Analysis，FMEA），是产品可靠性分析的一种重要定性方法，也是一项用于确定、识别、预防或消除产品设计、生产制造过程中已知的和潜在的失效、问题、错误的工程技术方法。FMEA是研究产品故障模式、产生影响、可能的原因或故障机理并对问题重要度进行评价，从而采取措施预防或消除产品故障的一种方法。

FMEA 作为一种分析方法，常被用于新产品的设计开发过程中，考虑并且处理了新产品设计开发过程中潜在的质量问题，对产品可能的潜在失效风险进行分析讨论，并针对存在的重大失效风险制定改进措施，提前避免开发的新产品存在重大质量缺陷。

FMEA 不仅可以用于新产品设计开发过程，也可以用于估计现有产品失效的原因及其导致的失效模式发生的可能性，当产品发生某一失效模式时，通过全面深入分析产生这一失效模式的所有可能性原因，为了杜绝这种失效风险的再次发生或降低发生的风险，需要制定改进措施消除或减少这种失效发生的可能，从而增加了产品或过程的可靠性。因此，FMEA 也被认为是一种有助于改进产品可靠性的工具。

8.1.2 FMEA 的分类

FMEA 一般有两种分类方法，一是按照 FMEA 在产品开发过程中使用的阶段不同分类，另一种是按照 FMEA 应用产品对象的不同分类。

1. 按照使用阶段不同分类

按照 FMEA 在产品开发过程中使用的阶段不同，FMEA 分为两大类型：设计 FMEA（Design Failure Mode and Effects Analysis，DFMEA）和过程 FMEA（Process Failure Mode and Effects Analysis，PFMEA），如图 8-1 所示。

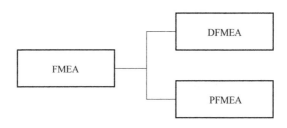

图 8-1　按照使用阶段不同分类

① DFMEA，即设计 FMEA，是指在产品设计阶段的潜在失效模式分析，是从设计阶段把握产品质量预防的一种手段，主要考虑在产品设计阶段如何保证最终产品满足客户对产品质量要求的一种控制工具。DFMEA 侧重于设计过程，强调如何通过产品设计以避免潜在失效模式的发生，以提高产品可靠性。

② PFMEA，即过程 FMEA，是指在假定产品设计满足产品特性要求的前提下（PFMEA 通常假定设计是合理的），通过分析制造、装配和物流过程中失效发生的可能性，查验产品和系统制造中所有过程的过程要求影响因素，并采取措施管控这些因素，以确保最终产品满足客户对产品质量要求的一种控制工具。PFMEA 侧重于制造过程，强调如何通过改进制造过程以避免潜在失效模式的发生，在提高产品可靠性的同时，实现作业效率高、废品和返工少、制造成本低的目标。

2. 按照应用产品对象的不同分类

按照 FMEA 应用产品对象的不同，FMEA 分为系统 FMEA、子系统 FMEA、零部件 FMEA 三类。

1）系统 FMEA，是指实施 FMEA 的对象为由多个子系统组成的复杂功能模块的产品。

2）子系统 FMEA，是系统 FMEA 的组成部分，是针对产品系统的某一子系统开展的 FMEA 活动。

3）零部件 FMEA，是产品子系统 FMEA 的组成部分。

以汽车系统 FMEA 为例，其系统 FMEA 包含底盘系统 FMEA、传动系统 FMEA 和内饰系统 FMEA 等子系统 FMEA；制动系统 FMEA 又是底盘系统 FMEA 的组成部分；而刹车片 FMEA 属于零部件 FMEA，同时也是制动系统 FMEA 组成部分。汽车系统 FMEA 展开图如图 8-2 所示。

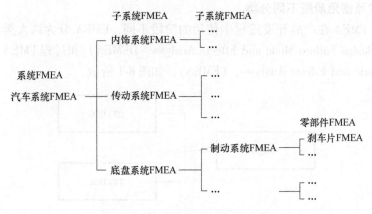

图 8-2 汽车系统 FMEA 展开图

目前，在生产实际中常用的 FMEA 分类方法为 DFMEA 和 PFMEA，由于本书重点研究介绍生产运作系统规划设计，重点关注生产制造过程，因此本章重点介绍 PFMEA。

8.1.3 FMEA 设计的目的与意义

1. FMEA 设计的目的

FMEA 被产品设计工程师或工艺设计工程师用于早期设计中识别和评价产品与过程中潜在的失效模式及其失效后果，并制定改进措施，以避免潜在失效模式的发生。

2. FMEA 设计的意义

FMEA 设计的意义主要体现在以下几个方面：

1）FMEA 是"事前"行为，是一种产品失效预防工具，事前花费时间、资源进行全面 FMEA 分析发现产品设计或过程设计的不足，并花费较低成本对产品或过程进行修改，从而提前防止产品失效故障的发生，避免事后花费巨额费用修改解决。

2）FMEA 文件可以作为企业产品开发技术经验积累的重要文件进行存档，后期在应对产品交付使用过程中客户对产品失效反馈的问题时，FMEA 文件将为现有产品或过程的改进设计提供重要技术参考。

3）FMEA 的实施可以作为企业对产品设计方案和过程设计方案进行客观评价的依据，对提升企业新产品设计开发能力有很大帮助。

8.1.4 PFMEA 在产品实现过程中的应用

PFMEA 在产品实现过程中的应用主要体现在产品工艺设计重大改进变更时、

产品发生重大质量事故实施质量改进时、生产环境与生产条件发生重大改进变更时。

1. 产品工艺设计重大改进变更时 PFMEA 的应用

当对已有产品实施工艺设计方案重大改进变更时，需对相关变更过程重新进行潜在失效模式分析，对可能存在的潜在失效风险提前制定措施消除或控制风险，以避免过程变更后出现较大的产品质量异常。

2. 产品发生重大质量事故实施质量改进时 PFMEA 的应用

当产品制造过程发生重大质量事故时，产品 PFMEA 不仅可以作为质量事故原因调查的工具，还可以作为产品质量改进的工具。我们可以针对发生的质量事故对应的失效模式在 PFMEA 文件中查找到相关失效模式发生的原因与采取的改进措施，调查判定实际发生质量事故的原因是否与 PFMEA 文件分析的一致，是否因之前确定改进措施未得到有效落实执行而造成质量事故的发生，这些调查若因为前期对产品失效模式发生原因分析的不够全面导致制定的改进措施存在遗漏最终导致了质量事故的发生，在这种情况下需要重新修改补充 PFMEA 文件相关内容，重新分析产品失效原因并补充制定改进措施，以促进制造过程产品品质的提升。

3. 生产环境与生产条件发生重大改进变更时 PFMEA 的应用

因企业生产经营战略的发展变化，会要求产品生产车间或生产线的整体搬迁或调整的情况出现，因为生产车间或生产线的整体搬迁需要对整个生产制造系统进行拆解和再造，无论是制造过程所有的设备、工装精度状态，还是新车间的周围温度、湿度等环境因素，都将发生重大变化，产品原有的 PFMEA 文件将不再适用新车间或新产线的制造过程潜在失效模式分析，在这种生产环境发生重大变更情况之下，需要重新开展 PFMEA 设计活动，以防止重大变更后生产制造潜在失效问题的发生。

8.1.5　PFMEA 设计在生产运作系统价值流中的增值作用

1. 验证工艺设计的合理性，改进产品工艺设计

因为 PFMEA 设计的过程流程图包含了工艺流程图的所有过程，通过 PFMEA 对制造过程全流程的潜在失效模式分析，这一分析过程恰好也验证了工艺流程中各个工序所采用的设备、工装工具及作业方法是否存在可能引起过程潜在失效模式的不合理设计，如果因工艺设计得不合理造成 PFMEA 的 RPN（风险顺序数）较大，改进的优先级较高，可在产品试制前对产品制造工艺进行改进，提升工艺设计的合理性。

2. 提前预防产品潜在不良的发生，提高产品生产制造合格率

经过 PFMEA 的过程潜在失效模式分析，可以识别出因工艺设计、人员作业方面缺陷引起的过程潜在失效模式，并针对存在的问题制定出工艺设计和人员作业预防措施，这些改进措施的有效实施将会在产品量产避免因产品工艺设计和人员作业不规范造成的批量产品不良，提高产品生产制造合格率。

3. 促进产品改进，提升客户满意度

事实上，DFMEA 与 PFMEA 有着一种相互影响、相互作用的紧密联系，DFMEA 设计分析结果为 PFMEA 设计分析提供技术参考，反过来 PFMEA 设计分析过程会发现在产品设计中确定的产品特性潜在的设计不合理问题，这些产品设计不合理问题可以反馈于 DFMEA 设计团队，通过 DFMEA 再设计、再分析促进产品设计的改进，以最大能力满足客户的要求和期望，提升客户满意度。

8.2 PFMEA 设计步骤

PFMEA 设计一般包含七个步骤，其先后顺序是不能改变的。PFMEA 设计步骤如图 8-3 所示。

8.2.1 定义范围

"定义范围"阶段也被称为"规划与准备"阶段，它的主要目的是明确 PFMEA 项目实施的范围，确定 PFMEA 项目评审包含或不包含的产品或过程，通过 PFMEA 对产品的所有过程进行梳理评审，并最终确定 PFMEA 需要分析那些过程，可以不用分析那些过程，也就是将主要资源集中在优先级较高的过程上。

1. 确定 PFMEA 项目边界

PFMEA 项目边界，也就是 PFMEA 设计内容，主要是指客户真正所需要的内容。一般，PFMEA 设计团队通过分析、研讨来确定项目边界。

确定项目边界时，需要从以下几个方面综合分析、研讨。

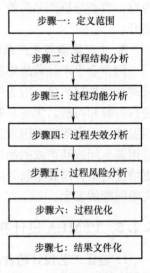

图 8-3 PFMEA 设计步骤

1）产品有关法律要求。

2）产品有关技术要求。

3）客户对产品的需要、需求与期望（外部和内部客户）。

4）产品有关技术规范。

5）产品图样或 3D 模型。

6）产品物料清单（BOM）。

7）类似产品以往的 FMEA。

8）产品防错要求、可制造或可装配性设计。

9）产品质量功能展开。

10）工厂内部会影响产品质量且有必要开展 PFMEA 分析的过程：原材料入厂接收过程、原材料存储过程、原材料交付、产品制造、装配、包装、检验检测、返工返修、成品运输维护等。

2. 编制 PFMEA 项目计划

PFMEA 项目边界确定后，需要根据团队成员分工、时间要求等进行 PFMEA 计划编制。一般采用 5T 方法（目的、时间安排、团队、任务、工具）进行 PFMEA 计划编制，有助于提高 PFMEA 计划的可行性、可达成性。

3. 确定基准 PFMEA

基准 PFMEA，是专门适用于具有共同产品边界或相关功能的基础产品 PFMEA。

设计新产品 PFMEA 时，只需要在基准 PFMEA 中添加新产品特定组件和功能，就可以完成新产品 PFMEA 的设计，不必全部重新设计，从而大大降低新产品 PFMEA 设计工作量、加快设计速度。

8.2.2　过程结构分析

过程结构分析，就是确定产品生产系统并将其分解为过程项、过程步骤和过程工作要素。

1）过程项是 PFMEA 分析范围内的最高层级划分，可以是系统、子系统、组件要素或过程名称。

2）过程步骤是产品过程失效的重要关注项，可以是过程工位编号或工序名称。

3）过程工作要素是过程步骤重要关注项的下一层级要素，每个工作要素都是一个可能影响过程步骤的主要潜在原因类别。工作要素类别通常划分为 4 个类别即 4M（人员、设备、材料、环境）类型。

8.2.3　过程功能分析

过程功能分析，就是对产品过程的预期功能或要求进行分配。过程功能分析注意事项如下。

1. 产品过程功能分析可视化

使用矩阵图、功能树等工具进行功能分析，让整个功能分析过程可视化。

2. 将过程特性、要求与过程功能相关联

PFMEA 将过程功能分解到过程步骤、过程工作要素等过程特性，确保产品设计功能要求在过程步骤与过程工作要素中得到分配。

3. 促进工程设计团队（系统、安全和组件）之间的协作

在企业内部针对产品的不同系统或组件成立多个 PFMEA 设计团队，通过功能分析与沟通协调确保不同团队之间对于客户项目信息的理解保持一致，有利于各个团队对过程功能的整体把握。

4. 为失效分析奠定基础

对过程功能全面完整的定义是全面完整失效分析的基础，因为潜在的失效分析的对象通常是功能无法得到满足的项目。

8.2.4 过程失效分析

过程失效分析，就是确定过程失效的起因、模式和影响，并明确他们之间的关系，以便进行风险评估。过程失效分析要达成的目标如下。

1. 建立失效链

失效链包括失效影响、失效模式和失效起因。因此，建立失效链，就是要识别每个过程功能的潜在失效影响、失效模式、失效起因。失效链的组成如图 8-4 所示。

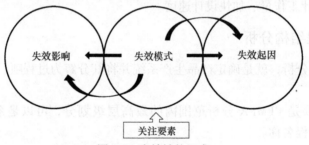

图 8-4 失效链的组成

1）失效影响。失效影响可能与过程项的功能（系统、子系统、组件或过程名称）有关，失效影响应被描述为客户注意和体验的结果。

2）失效模式。失效模式是指过程导致产品无法交付或提供预期功能的方式，PFMEA 设计团队对失效模式的分析应建立在默认产品设计是正确的前提之下，若的确存在产品设计问题会导致过程问题，则需要与产品设计团队协调解决。失效模式分析的是否完整全面，可以借鉴以往不合格品、废品报告的经验信息或采用集体讨论的方式评审确定。

3）失效起因。失效起因指失效产生的原因。失效模式是失效起因的结果，要尽可能的确定每个失效模式在制造和装配方面的潜在原因，以便于有针对性的采取控制措施。

2. 识别过程失效起因

PFMEA 设计团队可以采用鱼骨图分析方法识别过程失效起因，每个过程的失效模式通过对人员、机器、物料、方法、环境等方面展开分析最终确定失效起因。

3. 与客户、供应商达成一致

根据企业与客户、供应商之间签署的与产品质量相关的协议及共享的产品信息，为确保失效分析结果与有关信息相符合，可邀请客户、供应商对 PFMEA 失效分析输出的结果进行评审，通过评审征求客户与供应商的相关意见或建议，最终与客户、供应商达成一致。

4. 失效分析结果输出物以可视化形式留档

失效分析完成后，应将分析结果输出物以图表等可视化形式留档。

失效分析结果输出物为"风险分析"的完整实施提供技术基础。风险分析的严重度、频度、探测度评级都是建立在失效分析精准描述的基础上的，若潜在失效分析过于模糊不清将导致风险分析不完整。因此，也可以说，失效分析结果输出物将为 PFMEA 失效文件的编制和风险分析奠定基础。

8.2.5　过程风险分析

过程风险分析的目的是通过严重度、频度、探测度进行风险评估，并对需要采取的措施进行优先排序。过程风险分析的主要任务如下。

1. 针对过程每个失效起因或失效模式确定当前的预防控制措施和探测控制措施

1）当前预防控制措施，是指为避免过程发生潜在失效起因或失效模式提前制定的预防措施。当前预防措施描述了设计过程中应实施的措施，此类措施的有效性在产品正式生产前应得到验证。预防控制措施常包括标准作业程序（作业 SOP）、检验作业程序（检验 SOP）等文件。当前预防控制措施有助于优化过程设计，从而最大程度降低潜在失效发生的可能性。

2）当前探测控制措施，是指在产品离开生产过程或发运给客户前，通过手动或自动方法探测是否存在失效起因或失效模式。常见的探测手段包括目视检验、光学检验、止通规检验、卡尺检验等检验方法。

注意：风险分析时应确认当前预防措施和探测措施在现场的实施和有效性。措施的有效性可通过工序评审确定，若控制措施无效，可能需要采取新措施以确保有效性。

2. 对失效链进行风险评级

针对每个失效链在严重度（Severity，S）、频度（Ocurrance，O）、探测度（Detection，D）三个方面进行风险评级，并对每个失效链采取措施的优先级进行排序，S、O 和 D 评级结果分别使用从 1 到 10 表示，其中 10 代表最高风险。

1）严重度（S），是指评估的过程步骤中，针对给定失效模式导致的失效影响严重程度的评级得分，它是一个 FMEA 范围内的相对评级，评定时无须考虑频度和探测度。失效影响的严重程度评估结果应得到客户和组织（本企业）的一致同意。FMEA 严重度（S）评定参考标准见表8-1。

表 8-1 FMEA 严重度（S）评定参考标准

后果	判定准则：后果的严重度	严重程度
无警告的严重危害	当潜在的失效模式在无警告的情况下影响用户人身安全运行和/或涉及不符合政府法规的情形时，严重度定级非常高	10
有警告的严重危害	当潜在的失效模式在有警告的情况下影响用户人身安全运行和/或涉及不符合政府法规的情形时，严重度定级非常高	9
很高	产品不能工作（丧失基本功能）	8
高	产品可运行但性能水平下降，客户非常不满意	7
中等	产品可运行但舒适性/便利性项目性能水平有所失效，客户不满意	6
低	产品可运行但舒适性/便利性项目性能水平有所下降，客户有些不满意	5
很低	配合和外观不舒服，多数（75%以上）客户能发觉缺陷	4
轻微	配合和外观不舒服，50%的客户能发觉缺陷	3
很轻微	配合和外观不舒服，有辨识力（25%以下）客户能发觉缺陷	2
无	无可辨别影响	1

2）频度（O），是指失效起因在过程中发生的频率。进行频度评级时，要考虑当前的预防控制措施所产生的正向影响。FMEA 频度（O）评定参考标准见表8-2。

表 8-2 FMEA 频度（O）评定参考标准

失效发生的可能性	可能的失效率	频率
很高：持续发生失效	≥100 个每 1000 件 10%	10
	50 个每 1000 件 5%	9
高：经常发生失效	20 个每 1000 件 2%	8
	10 个每 1000 件 1%	7
中等：偶然性失效	2 个每 1000 件 0.2%	6
	0.5 个每 1000 件 500ppm	5
	0.1 个每 1000 件 100ppm	4
低：相对很少发生的失效	0.01 个每 1000 件 10ppm	3
	0.001 个每个 1000 件 1ppm	2
极低：失效不大可能发生	≤0.001 个每个 1000 件	1

注意，频度评级是在 FMEA 范围内的相对评级数值，可能并不能反映真实频度，频度评级根据评级表描述了失效原因发生的可能性，不需要考虑探测控制。

3）探测度（D），是指依据过程确定的检测类型，预测其最有效的检测控制结果的评价等级。一般，根据检验方法的成熟度和探测机会对探测控制进行评级。FMEA 探测度（D）评定参考标准见表 8-3。

表 8-3　FMEA 探测度（D）评定参考标准

探测性	准则	探测方法的推荐范围	漏检率
几乎不可能	绝对肯定不可能探测到	不能探测或没有检测	10
很微小	控制方法可能探测不出来	只能通过间接或随机检查来实现控制	9
微小	控制方法有很小概率能探测出	只通过目测检查来实现控制	8
很小	控制方法有很小概率能探测出	只通过双重目测检查来实现控制	7
小	控制方法可能能探测出来	用控制图的方法，如 SPC（统计过程控制）来实现控制	6
中等	控制方法可能能探测出来	控制基于零件离开工位后的计量测量，或零件离开工位后的 100% 的止/通测量	5
中上	控制方法有较多机会可探测出	在后续工位上的误差探测，或在作业准备时进行测量和首件检查（仅适用于作业准备的原因）	4
高	控制方法有较多机会可探测出	在工位上的误差探测，或利用多层验收在后续工序上进行误差探测：供应、选择、安装确认，不能接受有差异的零件	3
很高	控制方法几乎肯定能探测出	在工位上的误差探测（自动测量并自动停机），不能通过有差异的零件	2
很高	控制方法肯定能探测出	由于有关项目已通过过程/产品设计采用了防错措施，有差异的零件不可能产出	1

需要注意的是，探测度也是在一个 FMEA 范围内的相对评级，评定时无须考虑严重度或频度。

3. 措施优先级（AP）

在分别完成过程失效风险的严重度、频度、探测度评级后，就要决定是否需要进一步努力降低风险。由于资源、时间、技术等因素的限制，必须选择一种方法对措施优先级进行排序。风险顺序数（Risk Priority Number，RPN）是最常用的措施优先级排序方法。

风险顺序数（RPN），是事件发生的严重度（S）、频度（O）和探测度（D）三者乘积，见式（8-1）：

$$RPN = S \times O \times D \tag{8-1}$$

风险顺序数（RPN）值范围从 1（绝对最好）到 1000（绝对最差），其数值越大潜在问题越严重。

注意，风险分析的输出结果可以作为与客户、供应商达成风险控制共识的依据，促进客户和供应商的配合协作。

8.2.6 过程优化

过程优化的目的是确定降低可能生产和交付不符合客户和利益相关方预期的产品风险的措施，并评估措施的有效性。过程优化的主要任务如下。

1. 确定降低风险的必要措施

通过改善过程，确定降低风险的措施。PFMEA 团队将评审风险分析的结果并确定适当措施，以降低失效起因的发生频率或提高探测失效起因或失效模式的能力。PFMEA 团队也可以确定能够改善过程但并不一定降低风险评估评级的措施，若 PFMEA 团队决定不需要采取进一步措施，则应在"备注"栏中填写"无须采取进一步措施"，以表明风险分析已经完成。

2. 确定措施实施的相关责任人和完成期限

每个措施都应该有责任人和对应的目标完成日期，措施负责人应确保措施的状态保持更新，对措施的实施状况负责。应记录预防和探测措施的实际完成日期，计划目标日期的制订应切合实际。

3. 将实施的措施情况形成文件

包括对所实施措施的有效性的确认以及采取措施后的风险评估，只有当 PFMEA 团队评估了每一项措施的优先级，并接受风险水平和书面记录措施可以关闭，PFMEA 工作才算完成。否则，当措施完成时，频度和探测度值将被重新评估，PFMEA 团队对这一风险水平不能接受，就需要确定一项新的措施加以应对，新的措施将获得一个初始措施优先等级，作为对有效性的预测，直到新措施的实施完成及其有效性得到确认，再次评估风险水平直到被 PFMEA 团队接受为止。

8.2.7 结果文件化

结果文件化的目的是针对 PFMEA 活动的结果进行总结和交流。结果文件化的主要任务如下。

1. 建立文件格式内容

将 PFMEA 活动的结果进行总结，形成 PFMEA 标准化文件。文件内容应满足组织、利益相关方的要求，这一点很重要。PFMEA 标准化文件具体内容细节可由各方确定。

2. 对 PFMEA 工作报告的内容进行沟通

该报告可作为公司内部或公司之间的沟通使用，它是 PFMEA 团队的工作总结，以确认每个任务已经完成，并评审分析结果。

8.3 实践案例：万能数据线 PFMEA 设计实操解析

为了提高万能数据线生产制造合格率，优化工艺技术，提升客户满意度，在生产制造开始前研究产品故障模式、产生影响、可能的原因或故障机理，并对问题重要度进行评价，同时采取措施预防或消除产品故障，即编制万能数据线的 PFMEA 文件。根据 PFMEA 设计七步骤，按步骤逐步进行万能数据线 PFMEA 设计。

1. 定义范围

通过对万能数据线产品图样和工艺规程文件等分析，确定万能数据线 PFMEA 项目主要实施的过程有：线体预处理、USB 焊接、B/C/L 接头焊接、屏蔽壳焊接、内外膜安装、成品测试、包装等过程。

万能数据线 PFMEA 项目边界确定后，按照 5T 方法（目的、时间安排、团队、任务、工具）进行 PFMEA 计划编制。根据项目工作内容组建设计、工艺、质量、设备、生产、采购各一人的项目团队，项目实施时间为 30 天，工艺人员负责主编制，设计人员配合，质量、设备、生产、采购人员负责资料收集及数据提供，按照 PFMEA 设计步骤，初步制定出各步骤所用时间及拟采用的方法。

2. 过程结构分析

按照设计好的 PFMEA 项目边界将万能数据线生产系统分解为过程项、过程步骤和过程工作要素。过程项主要为：线体预处理、USB 焊接、B/C/L 接头焊接、屏蔽壳焊接、内外膜安装、成品测试、包装。过程步骤为各过程项所包含的主要工序,过程工作要素为影响各工序的作业要素,主要分为人员、设备、材料、环境等四大类作业要素。对各个过程进行详细分析,编制出万能数据线各个过程的结构分析表见表8-4。

表 8-4　万能数据线过程结构分析表

过程序号	过程名称	过程步骤	过程工作要素
1	线体预处理	绕线	绕线机性能
			线体质量
		剥线	人的操作
			剥皮机性能
			线体质量
		分铜丝	铜线质量
		剪铝箔	人的操作
		剥线皮	剥皮机性能
			线芯质量
2	USB 焊接	焊接 USB 插头	焊机设备性能
			治具性能
		安装 USB 内模	人的操作
			内膜成型机设备性能
3	B/C/L 接头焊接	IP5 端浸锡	人员操作
			线头质量
			锡水质量
		B/C/L 接头焊接	焊机设备性能
			接口质量
		接口点胶	人员操作
			胶水质量
			环境因素
4	屏蔽壳焊接	组装屏蔽壳	人员操作
			屏蔽壳质量
		激光焊接铁壳	设备性能
			铁壳质量
		半成品电压测试(二)	测试仪器性能

（续）

过程序号	过程名称	过程步骤	过程工作要素
5	内外膜安装	安装 USB 外膜	人员操作
			USB 外膜质量
		IP5 装内膜	人员操作
			内膜质量
		IP5 装外膜	人员操作
			外膜质量
6	成品测试	成品电压、负载测试	人员操作
			测试仪器性能
		外观检测	人员操作
7	包装	装入包装盒	人员操作
			包装盒质量
		贴编码	人员操作
			编码质量

3. 过程功能分析

为了保证万能数据线功能良好，需对各个过程功能进行分析，采用功能分析表方式将产品功能、过程功能特性、过程步骤功能、过程工作要素功能及特性等逐层对应分解，将每一个功能分解为对应的过程特性，最终建立起过程功能网，从而确保产品功能能够实现。以下主要针对线体预处理、USB 焊接过程进行详细 PFMEA 设计，其他过程可参照进行设计。线体预处理、USB 焊接过程功能分析结果见表 8-5。

4. 过程失效分析

万能数据线过程功能分析完后，针对各过程、过程步骤、过程工作要素的功能及特性进行过程失效分析，确定各环节过程失效的起因、模式和影响，并明确他们之间的关系，同时分析测算每一个失效模式的严重度，以便下一步进行风险评估。以线体预处理及 USB 焊接工序为例进行过程失效分析，结果见表 8-6。

5. 过程风险分析

失效分析做完后，需对各个失效模式进行严重度、频度、探测度的风险等级评估分析，制定出预防控制措施和探测控制措施，并对需要采取的措施进行优先排序。根据万能数据线生产规模及质量情况，参照表 8-1 FMEA 严重度评定参考标准、表 8-2 FMEA 频度（O）评定参考标准和表 8-3 FMEA 探测度（D）评定参考标准，最终制定出的万能数据线线体预处理、USB 焊接过程风险分析表见表 8-7。

表 8-5　USB 焊接过程功能分析表

过程序号	过程名称	过程步骤	过程工作要素	过程项目功能	过程步骤功能	过程工作要素功能及特性
1	线体预处理	绕线	绕线机性能	将线体两端端剥开规定的长度，线芯无损坏	绕线顺序正确，形状合格，长度准确	绕线机按照规定的程序将线体绕制成为要求的形状和长度
			线体质量			绕制过程中线体不破损，不断裂
		剥线	人的操作		剥掉 USBA 端要求长度，同时不损坏线芯	人工将 USB 的 A 端线体放置在剥皮机剥皮位置，同时长度要放置准确
			剥皮机性能			剥皮机将线体内的线体剥皮，同时不损坏线芯
			线芯质量			剥皮过程将线体其他部分无破损
		分铜丝	铜丝质量		铜丝不分散	分好的铜丝无断裂，不分散
		剪铝箔	人的操作		将线体外边覆盖的铝箔撕掉	无用刀片将铝箔开一个小口，在人工将铝箔撕掉，确保全部撕掉
		剥线皮	剥皮机性能		将线头放进剥皮机，剥掉要求长度的线皮	剥皮机自动放置其内的线体皮剥去，同时不损坏线芯
			线芯质量			剥线皮过程中，线芯无损坏
2	USB焊接	焊接 USB 插头	焊机设备性能	将 USB 焊接在线体上，连接良好，无漏焊，无多焊	使用焊机将 USB 插头焊接在线体上	焊机自动将线体焊接在 USB 插头上，无漏焊、多焊
			冶具性能			焊接过程中冶具能够牢牢固定插头，使插头不松动
			人的操作			人工将连好线的 USB 插头，放置在压模机卡槽内
		安装 USB 内模	压模机设备性能		通过压模机给 USB 插头安装一层保护内膜	压模机将 TPE 塑胶一次成型包裹在插头上，保证内膜包裹紧密不松动

表8-6　线体预处理、USB焊接过程失效分析表

过程结构分析				过程功能分析			过程失效分析			
过程序号	过程名称	过程步骤	过程工作要素	过程项目功能	过程步骤功能	过程工作要素功能及特性	潜在失效影响	潜在失效模式	严重度(S)	潜在失效起因
1	线体预处理	绕线	绕线机性能		绕线顺序正确，形状合格，长度准确	绕线机按照规定的程序将线体绕制成为要求的形状和长度	返工，重新绕制	线体顺序绕制错误	5	线体顺序放置错误
		绕线	线体质量			绕制过程中线体不破损，不断裂	线体报废	线体绕制过程中破损	8	绕线机硬件性能故障
		剥线	人的操作	将线体两端剥开规定的长度，线芯无损坏	剥掉USB A端的线皮，同时要求长度不损坏线芯	人工将USB的A端线体放置在剥皮机剥皮位置，剥皮长度放置准确	返工，重新剥	线体A端剥皮的过短	5	人工未将线体放置到位
		剥线	剥线机性能			剥皮机将线体剥皮，同时不损坏其内的线芯	线体报废	剥皮过程中损坏线芯	8	剥皮机参数调整错误
		剥线	线体质量			剥皮过程时线体其他部分无破损	线体报废	线体断裂	7	线体来料质量不合格
		分铜丝	铜丝质量		铜丝不分散	分好的铜丝无断裂，不分散	影响信号传输	铜丝断裂	5	使用剥线钳时用力过大
		剪铝箔	人的操作		将线体外边覆盖的铝箔撕掉	先用刀片将铝箔开一个小口，在人工将铝箔撕掉，确保全部撕掉	人工返工	铝箔没有全部撕掉	3	作业不仔细，作业未完成自检

（续）

过程序号	过程结构分析			过程功能分析			过程失效分析			
	过程名称	过程步骤	过程工作要素	过程项目功能	过程步骤功能	过程工作要素功能及特性	潜在失效影响	潜在失效模式	严重度(S)	潜在失效起因
1	线体预处理	剥线皮	剥皮机性能		将线头放进剥皮机，剥掉要求长度的线皮	剥皮机自动将其内的线体皮剥去，同时不损坏线芯	报废或者重新剥	剥掉的线皮长度不符合要求	6	定位工装松动
			线芯质量			剥线皮过程中，线芯无破损	人工将线皮撕掉	线皮未剥掉	3	剥皮机刀具已磨损，未更换
2	USB焊接	焊接USB插头	焊机设备性能	将USB焊接在线体上，连接良好，无漏焊、无多焊	使用焊机将USB插头焊接在线体上	焊机自动将线体焊接在USB插头上，无漏焊、多焊	补焊	插头漏焊、焊接不牢	4	焊机精度不准
			冶具性能			焊接过程中冶具能够牢牢固定插头，使插头不松动	报废	插头被焊穿、损坏	8	焊枪头高度和位置未调整到位
		安装USB内模	人的操作		通过压模机给USB插头安装一层保护内膜	人工将连好线的USB插头，放置在压模机卡槽内	报废	内膜破损	7	插头未精准放置在卡槽内
			压模机设备性能			压模机将TPE塑胶一次成型包裹住插头，保证内膜包裹紧密不松动	返工	内膜松动掉落	5	卡槽磨损，需更换

表8-7 线体预处理、USB焊接过程风险分析表

过程结构分析			过程失效分析				过程风险分析				
过程名称	过程步骤	过程工作要素	潜在失效影响	潜在失效模式	严重度(S)	潜在失效起因	现行预防控制措施	频度(O)	现行探测控制措施	可探测度(D)	措施优先级(AP)
线体预处理	绕线	绕线机性能	返工、重新绕制	线体顺序绕制错误	5	线体顺序放置错误	设备处贴目视化颜色标识	6	每次绕线前进行颜色标识比对	3	90
		线体质量	线体报废	线体绕制过程中破损	8	绕线机硬件性能故障	设备日常维护和点检	5	将该处零件纳入日常点检维护表中，定期点检维护	6	240
	剥线	人的操作	返工、重新剥	线体A端剥的过短	5	人工未将线体放置到位	设置定位工装	6	剥皮机上添加定位标识和工装	1	30
		剥皮机性能	线体报废	剥皮过程中损坏线芯	8	剥皮机参数调整错误	增加设备开机点检	4	每天首件检验	5	160
		线体质量	线体报废	线体断裂	7	线体来料质量不合格	增加来料质量管控	7	进行线体来料抽检，每50根抽检一次	5	245
	分铜丝	铜线质量	影响信号传输	铜丝断裂	5	使用剥线钳时用力过大	按照标准作业指导书作业	5	完工后自检	7	175

（续）

过程结构分析			过程失效分析				过程风险分析				
过程名称	过程步骤	过程工作要素	潜在失效影响	潜在失效模式	严重度(S)	潜在失效起因	现行预防控制措施	频度(O)	现行探测控制措施	可探测度(D)	措施优先级(AP)
线体预处理	剪铝箔	人的操作	人工返工	铝箔没有全部撕掉	3	作业不仔细,作业完成未自检	完工后自检	5	完工后自检	7	105
	剥线皮	剥皮机性能	报废或者重新剥	剥掉的线皮长度不符合要求	6	定位工装松动	定期检查定位工装	5	定位点检查,设备点检项,同时增加加工工序首检	3	90
		线芯质量	人工将线皮撕掉	线皮未剥掉	3	剥皮机刀具已磨损,未更换	增加刀具点检更换	5	进行刀具寿命管理	6	90
USB焊接	焊接USB插头	焊机设备性能	补焊	插头漏焊,焊接不牢	4	焊机精度不准	增加焊机设备精度维护	5	增加设备点检和产品首件检验	4	80
		治具性能	报废	插头被焊穿,损坏	8	焊枪头高度和位置未调整到位	增加设备开机确认	4	每次开机后先确认在作业	4	128
	安装USB内模	人的操作	报废	内膜破损	7	插头未精准放置在卡槽内	人员标准化作业	4	人员标准化作业培训	6	168
		压模机设备性能	返工	内膜松动掉落	5	卡槽磨损,需更换	卡槽定期检查更换	4	增加产品抽检,每100件抽检一件	6	120

6. 过程优化

为了降低可能生产和交付不符合客户和利益相关方预期的产品风险，针对措施优先级较高的，即 AP 值较大的失效风险分析项，制定改善过程，明确责任人和完成期限。对于 AP 值较低的可先无须采取进一步措施，以表明风险分析已经完成。线体预处理、USB 焊接过程风险分析改进优化措施表见表 8-8。

表 8-8　改进优化措施表

过程结构分析			改进优化措施					
过程名称	过程步骤	过程工作要素	预防措施	探测措施	责任人	计划完成时间	措施效果验证	实际完成时间
线体预处理	绕线	绕线机性能	—	—	—	—	—	—
		线体质量	自主点检和定期专业点检相结合	完善自主和专业点检标准，并执行	张××	2022.04.05	该处设备故障不在发生	2022.04.02
	剥线	人的操作	—	—	—	—	—	—
		剥皮机性能	—	—	—	—	—	—
		线体质量	增加来料抽检比例	来料抽检比例设计为 30 根检一根	王××	2022.03.15	线体来料合格率提升 0.5%	2022.03.10
	分铜丝	铜线质量	—	—	—	—	—	—
	剪铝箔	人的操作	—	—	—	—	—	—
	剥线皮	剥皮机性能	—	—	—	—	—	—
		线芯质量	—	—	—	—	—	—
USB 焊接	焊接 USB 插头	焊机设备性能	—	—	—	—	—	—
		治具性能	—	—	—	—	—	—
	安装 USB 内模	人的操作	—	—	—	—	—	—
		压模机设备性能	—	—	—	—	—	—

7. 结果文件化

以上措施执行完成后，对 PFMEA 活动的结果进行总结和交流，形成 PFMEA 标准化文件以供应用。线体预处理、USB 焊接过程 PFMEA 标准化文件见表 8-9。

表 8-9　线体预处理、USB 焊接

过程失效模式及

| 公司名称 | | | ×××A 公司 | | | | 项目 | |
| 客户名称 | | | ×××B 公司 | | | | PFMEA 开始时间 | |

	过程结构分析			过程功能分析				过程失
过程序号	过程名称	过程步骤	过程工作要素	过程项目功能	过程步骤功能	过程工作要素功能及特性	潜在失效影响	潜在失效模式
1	线体预处理	绕线	绕线机性能	将线体两端剥开规定的长度，线芯无损坏	绕线顺序正确，形状合格，长度准确	绕线机按照规定的程序将线体绕制成为要求的形状和长度	返工、重新绕制	线体顺序统制错误
			线体质量			绕制过程中线体不破损、不断裂	线体报废	线体绕制过程中破损
		剥线	人的操作		剥掉 USBA 端要求长度的线皮，同时不损坏线芯	人工将 USB 的 A 端线体放置在剥皮机剥皮位置，剥皮长度放置准确	返工、重新剥	线体 A 端剥的过短
			剥皮机性能			剥皮机将放置其内的线体剥皮，同时不损坏线芯	线体报废	剥皮过程中损坏线芯
			线体质量			剥皮过程时线体其他部分无破损	线体报废	线体断裂
		分铜丝	铜线质量		铜丝不分散	分好的铜丝无断裂，不分散	影响信号传输	铜丝断裂
		剪铝箔	人的操作		将线体外边覆盖的铝箔撕掉	先用刀片将铝箔开一个小口，在人工将铝箔撕掉，确保全部撕掉	人工返工	铝箔没有全部撕掉
		剥线皮	剥皮机性能		将线头放进剥皮机，剥掉要求长度的线皮	剥皮机自动将放置其内的线体线皮剥去，同时不损坏线芯	报废或者重新剥	剥掉的线皮长度不符合要求
			线芯质量			剥线皮过程中，线芯无破损	人工将线皮撕掉	线皮未剥掉
2	USB 焊接	焊接 USB 插头	焊机设备性能	将 USB 焊接在线体上，连接良好，无漏焊、无多焊	使用焊机将 USB 插头焊接在线体上	焊机自动将线体焊接在 USB 插头上，无漏焊、多焊	补焊	插头漏焊、焊接不牢
			治具性能			焊接过程中治具能够牢牢固定插头，使插头不松动	报废	插头被焊穿，损坏
		安装 USB 内模	人的操作		通过压模机给 USB 插头安装一层保护内膜	人工将连好线的 USB 插头，放置在压模机卡槽内	报废	内膜破损
			压模机设备性能			压模机将 TPE 塑胶一次成型包裹在插头上，保证内膜包裹紧密不松动	返工	内膜松动掉落

过程 PFMEA 标准化文件

后果分析（PFMEA）

万能数据线						PFIEA 编号		PF-202203-02A			
2022.03.05						PFMEA 团队组成		张××、王××、李××、赵××、周××、吴××			

效分析		过程风险分析						改进优化措施					
严重度（S）	潜在失效起因	现行预方控制措施	频度（O）	现行探测控制措施	可探测度（D）	措施优先级（AP）	预防措施	探测措施	责任人	计划完成时间	措施效果验证	实际完成时间
5	线体顺序放置错误	设备处张贴目视化颜色标识	6	每次绕线前进行颜色标识比对	3	90	—	—	—	—	—	—
8	绕线机硬件性能故障	设备日常维护和点检	5	将该处零件纳入日常点检维护表中，定期点检维护	6	240	自主点检和定期专业点检相结合	完善自主和专业点检标准，并执行	张 **	2022.04.05	该处设备故障不在发生	2022.04.02
5	人工未将线体放置到位	设置定位工装	6	剥皮机上添加定位标识和工装	1	30	—	—	—	—	—	—
8	剥皮机参数调整错误	增加设备开机点检	4	每天首件检验	5	160	—	—	—	—	—	—
7	线体来料质量不合格	增加来料质量管控	7	进行线体来料抽检，每50根抽一次	5	245	增加来料抽检比例	来料抽检比例设计为30根检一根	王 **	2022.03.15	线体来料合格率提升0.5%	2022.03.10
5	使用剥线钳时用力过大	按照标准作业指导书作业	5	完工后自检	7	175	—	—	—	—	—	—
3	作业不仔细，作业完未自检	完工后自检	5	完工后自检	7	105	—	—	—	—	—	—
6	定位工装松动	定期检查定位工装	5	定位工装纳入设备点检项，同时增加工序首检	3	90	—	—	—	—	—	—
3	剥皮机刀具已磨损，未更换	增加刀具点检维护	5	进行刀具寿命管理	6	90	—	—	—	—	—	—
4	焊机精度不准	增加焊机设备精度维护	5	增加设备点检和产品首件检验	4	80	—	—	—	—	—	—
8	焊枪头高度和位置未调整到位	增加设备开机确认	4	每次开机后先确认在作业	4	128	—	—	—	—	—	—
7	插头未精准放置在卡槽内	人员标准化作业	4	人员标准化作业培训	6	168	—	—	—	—	—	—
5	卡槽磨损，需更换	卡槽定期检查更换	4	增加产品抽检，每100件抽检一件	6	120	—	—	—	—	—	—

第◆9◆章

作业SOP与检验SOP设计

9.1 SOP 概述

9.1.1 SOP 的定义与特征

1. SOP 定义

标准作业程序（Standard Operation Procedure，SOP），就是将某一事件的标准操作步骤和要求以统一的格式描述出来，用来指导和规范日常作业的规范性文件。

SOP 把一个岗位应该做的工作进行流程化和精细化，并坚持持续改善，使得任何一个人处于这个岗位上，通过培训合格后都能很快胜任该岗位。

2. SOP 的特征

SOP 主要具有以下内在特征。

1）SOP 是对过程的描述，不是对结果的描述。SOP 既不是制度也不是表单，而是流程中规范某个关键控制点的程序。

2）SOP 是操作层面的程序，是实实在在、具体可执行的，不是理念层次上的。按照 ISO9000 质量管理体系标准，SOP 是属于三级文件，即作业性文件。

3）SOP 是标准的作业程序。所谓"标准"，在精益生产运作系统中是一个最优化的概念。不是所有的作业程序都可以称作 SOP，SOP 是经过不断实践、不断优化而总结出来的在当前条件下可以实现的最优化的程序。

4）SOP 不是单个作业程序，是一个体系。

9.1.2 SOP 的分类

根据 SOP 面向的作业对象及作业内容不同，SOP 主要分为作业 SOP、检验 SOP、物料配送 SOP、返工返修 SOP 和设备维护 SOP，如图 9-1 所示。

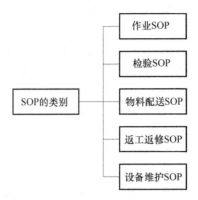

图 9-1 SOP 的分类

目前大部分企业常用的 SOP 主要是作业 SOP 和检验 SOP。

1. 作业 SOP

作业 SOP，即运用于指导产品生产作业的标准作业程序，主要面向一线操作人员使用。

作业 SOP 直接面向生产制造本身，将生产作业时的操作步骤和要求以统一格式描述出来，用来指导和规范生产作业。企业通常所说的标准作业指导书主要就是指的作业 SOP。

作业 SOP 主要包含该工序名称、工序所需物料信息、工装夹具信息、设备名称及参数信息、作业步骤、作业要点、人员配置、标准工时、质量注意事项、安全注意事项等相关信息。

2. 检验 SOP

检验 SOP，即运用于指导产品检验作业的标准作业程序。检验 SOP 将检验作业时的操作步骤和要求以统一格式描述出来，用以指导和规范检验作业。

检验 SOP 主要面向生产一线质检人员检验作业时使用，操作人员在进行自检时也可参照检验 SOP 进行。

检验 SOP 主要规定了检验作业时应遵从的作业步骤、检验方法、频次、工具、记录等相关信息。

3. 物料配送 SOP

物料配送 SOP，即运用于生产过程中物料配送作业的标准作业程序，主要面向物料配送人员，用以规范和指导物料配送作业。

物料配送 SOP 主要描述了物料配送流程、配送频次、容器、工具、配送量等相关要求，确保物料配送人员能够按其进行精准化物料配送。

4. 返工返修 SOP

返工返修 SOP，即运用于产品返工返修作业的标准作业程序，主要是为了控制和指导不合格品的返工返修作业，使返工返修作业过程更加顺畅，保证产品经过返工返修后达到预期要求。

返工返修 SOP 一般由执行返工返修作业单位的技术人员编制，操作人员按照 SOP 执行。返工返修 SOP 详细说明了不合格品的返工返修流程、过程参数设定以及注意事项，以利于现场作业人员有所依循。

5. 设备维护 SOP

设备维护 SOP，即运用于设备定期维护作业时的标准作业程序，主要是为了确保设备维护作业标准化，提高设备维护质量和维护效率。

设备维护 SOP 一般由设备工程师或设备维修人员编制，主要描述设备维护的内容、步骤、维护方法、维护标准、维护工具等。设备操作人员按照《设备自主维护 SOP》执行设备的自主维护作业，专业设备维修人员按照《设备专业维护 SOP》执行设备的专业维护作业。

9.1.3 SOP 设计的目的与意义

1. SOP 设计的目的

SOP 设计的主要目的是为一线作业人员提供作业标准，使一线作业人员经过短期培训学习，就可以快速掌握较为规范的作业方法，并能独立作业，按照规定要求（节拍、物料消耗等）生产出符合质量要求的产品。

2. SOP 设计的意义

SOP 设计的主要意义主要体现在以下方面。

1）规范员工操作，保证产品质量一致性。SOP 是在实践操作中不断进行总结、优化和完善的产物，在这一过程中，汇集了生产、技术、管理、操作等人员的集体智慧，是当前条件下最优的统一作业标准。SOP 确保不管谁来操作，都能达到一致的作业效果，从而保证了产品质量一致性。

2）有助于企业成熟技术和宝贵经验传承。通过编写 SOP，可以将企业长期积累的成熟技术与宝贵经验记录为标准作业程序，以文档的形式长期保存，方便其他员工学习借鉴，同时也可避免员工退休或离职而造成成熟技术与宝贵经验的流失。SOP 不但保证了企业日常工作的连续性以及成熟技术和宝贵经验的积累与传承，也无形中为企业节约了一些管理投入成本。

3）为标准工时制的推进奠定了坚实基础。在设计编制 SOP 时，需要详细分析各项作业内容、作业顺序，并确定各项作业节点耗时。随着 SOP 深入推进实施，SOP 中的各项作业节点耗时可以为制定标准工时提供参照。

4）有助于新员工快速上岗。采用 SOP 作为新员工培训教材，能让新员工在较短时间内熟悉作业标准、掌握基本作业技能，从而实现快速上岗。

5）易于追查不良品产生的原因。SOP 是对每个作业程序的标准化，每位员工都需要按照 SOP 的相关规定来进行作业。由于 SOP 中每一项作业内容都有细化、统一的标准，因此可以有效避免作业人员因操作错误导致不良品产生的情况。一旦出现不良品，可以通过 SOP 逐步查找其中的原因，并据此进行改进，实现作业过程可控、可追溯。

6）有助于作业质量和作业效率持续改进。SOP 尽可能地将作业内容和作业顺序进行标准化，包括作业准备、作业者身份、作业顺序、作业方法、作业工具、关键检查项等。企业可以依据 SOP 对现有作业质量和作业效率进行分析改进，持续提升作业质量和作业效率。

9.1.4　SOP 设计在生产运作系统价值流中的增值作用

1. 提升生产效率

SOP 是将企业成熟技术和宝贵经验优化完善后制定的当前最适合本岗位操作使用的标准化文件。各工序员工按照 SOP 规定的步骤和要求进行作业，能够保证各工序按照产线规定的节拍进行生产作业，有助于提升生产线线平衡率，减少线平衡损失。同时 SOP 使各工序实现了标准化作业，为生产线瓶颈工序的消除和生产线线平衡持续优化提供了改善基础，从而持续提升产线整体作业效率，加速生产运作系统价值流动速度，更快更好的创造价值。

2. 提升产品质量

SOP 对每个作业程序的操作控制点进行标准化，员工按照 SOP 进行标准化作业，可以有效保障一次做对，避免或减少报废、返工返修，提升产品质量稳定性和一致性。

3. 消除或减少七大浪费

一切不产生附加价值的都是浪费，企业生产运作过程中主要存在等待浪费、搬运浪费、不良浪费、动作浪费、过度加工浪费、库存浪费、制造过多过早浪费等七大浪费。SOP 可以约束员工按照规定的流程和程序作业，消除作业过程中的动作浪费、减少不良品产生的概率、杜绝过度加工浪费、减少搬运过程中浪费等，从而提升生产运作系统增值比。

9.2　SOP 的主要内容和设计步骤

9.2.1　SOP 设计的主要内容

SOP 设计的主要内容包括：各工序标准作业人数设计、标准作业时间设计、标准作业程序设计、标准作业方法设计、标准作业动作设计等，如图 9-2 所示。

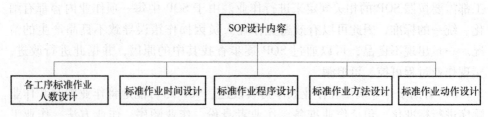

图 9-2　SOP 设计的主要内容

1. 各工序标准作业人数设计

作业人数设计属于 SOP 设计中的首要因素。在开始 SOP 设计之前，必须先确定各工序作业时的最佳作业人数即标准作业人数。作业人数不同，SOP 设计也会有所不同，例如一个和尚挑水吃，两个和尚抬水吃。人数对 SOP 设计的影响如图 9-3 所示。

图 9-3　人数对 SOP 设计的影响

2. 标准作业时间设计

在 SOP 设计当中，要求作业的每一个环节都必须严格按照既定的时间去完成，即开展标准作业时间设计。

标准作业时间设计考虑的主要内容（如图 9-4 所示）包括：每个作业动作按标准时间去控制；每个工序按标准时间去完成交接；每种物料按规定时间去供应；每个零部件按标准时间去完工；每个人在规定的时间内完成规定的工作量；将作业时间控制在标准工时之内；按时完成产品的生产（按时交货）。

只有设计了标准作业时间，才能保证员工按照 SOP 作业的同时，满足岗位工序节拍要求。

3. 标准作业程序设计

标准作业程序是工序作业全过程的工作环节安排，是作业的工序排列。标准作业程序规定了该工序 SOP 的作业步骤和作业流程。SOP 执行时需按照标准作业程序设计一步步操作，不允许更改或减少作业步骤。

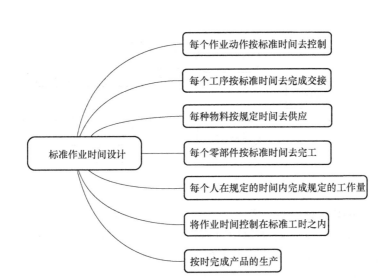

图 9-4　标准作业时间设计考虑的主要内容

4. 标准作业方法设计

标准作业方法规定了 SOP 中每一步应该采用什么方法、用什么工具、如何操作、有何注意事项等，是对每一步骤的详细作业描述，是 SOP 的技术要求和作业要领。标准作业方法，是企业生产效率和产品质量的重要保障。

标准作业方法设计需要通过优化设计标准作业动作来实现。

5. 标准作业动作设计

标准作业动作是 SOP 的最小要素，是保证 SOP 实现的基础。标准作业动作，是指对作业人员的动作行为进行规范和标准化，是实现标准作业目的的基础。如果动作本身就不符合要求，将无法实现标准作业方法。因此，SOP 设计时需详细分析并优化每一项操作动作，以确保设计的每一项操作动作都是最容易执行、最便捷实现的。

9.2.2　SOP 设计步骤

1. 理解掌握产品工艺流程

SOP 设计的第一步是理解掌握产品工艺流程。通过产品工艺流程，理解掌握产品工艺要求、加工或装配部位、作业顺序、产品性能等。

通常情况下，SOP 设计编制人员需要先根据产品工艺流程绘制出作业主流程图，再绘制出各作业子流程图，再将子流程图中所包含的作业程序（即作业工序）详细列出，为确定 SOP 设计编制范围提供依据。作业流程绘制步骤如图 9-5 所示。

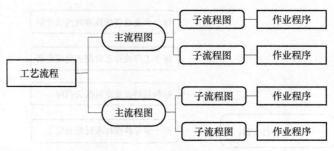

图 9-5　作业流程绘制步骤

2. 确定 SOP 设计编制范围

一般，SOP 以作业工序为单位进行设计编制。一道作业工序可能只包含一个作业工位，也可能包含多个作业工位。

SOP 设计编制人员需要根据作业工序中的划分来确定 SOP 设计编制范围，一个作业工序编制一份 SOP。

3. 作业分解——作业步骤划分

一个作业工位，往往包含多个作业步骤，SOP 编制人员需要通过作业分解识别出每个作业工位所包含的作业步骤。

作业分解的常用方法有两种，一是现场观测法，即 SOP 编制人员在生产现场对作业人员作业过程进行观测，用笔、纸、秒表（确认每一个动作的时间）进行测定和记录，然后根据记录进行作业步骤分解；二是录像分析法，即 SOP 编制人员在生产现场对作业人员作业过程进行循环录像，再根据录像对作业人员的作业动作进行分解。通常将动作分析的过程以特定表格（时间观测记录表）的形式记录下来。时间观测记录表见表 9-1。

注意，不管是现场观测法还是录像分析法，都要让员工完成 5~10 次的循环作业或持续观察 10~15 分钟，从而将作业动作的偶然性排除。

作业分解一般需要遵从以下原则：

原则 1：在作业分解过程中，应由粗到细逐步展开，逐步处理。此原则符合人类处理问题的方式，层层递进，能够对作业工艺进行逐层分解，不易发生遗漏现象。

原则 2：在作业分解中要保证基本操作单元的作业功能独立性和完整性。

原则 3：跨区域的操作不要放在同一操作单元内。

原则 4：物料搬运操作应与其他操作单元分开（即搬运、检验、暂存等操作应与纯作业动作分开，便于后期使用流程图法进行分析改善）。

原则 5：作业分解结果需要与工艺工程师进行确认，确保作业分解符合工艺要求。

表9-1 时间观测记录表

对象 工序		时间观测用纸			观测日期				型号		
					观测时间				观测者		
序号	作业项目	1	2	3	4	5	6	7	8	9	10	作业项目 时间	备注
一个循环时间													

4. 作业动作分析与优化

每个作业步骤都是由若干作业动作构成的。作业分解完成后，需要对每个作业步骤中的作业动作进行分析和优化，即识别并取消浪费的作业动作，保留有价值的作业动作。在精益生产运作系统中，作业动作分为三类：

一是增加产品附加价值的作业动作，我们称之为有价值的动作，比如车外圆、铣端面、钻孔、热处理、装配拧螺母等这些作业动作都能给产品增加价值。这类作业动作是有价值的，需要保留并写进SOP。

二是没有价值但必不可少的作业动作，即这类作业动作不产生附加价值，但是当前条件下又暂时无法避免或取消，比如安装夹具、更换模具、清扫工作台面等。这类作业动作当前必须保留并写进SOP，但是需要持续优化改进。

三是浪费的作业动作，既不能为产品增加附加价值，也不是必不可少的动作，这类动作称为浪费动作，比如动作幅度太大、过渡的伸展、弯腰、花费时间寻找工具或材料等。这类动作是多余的，在SOP编辑设计时应坚决取消。

5. 关键动作要点拍摄

为了使 SOP 中的关键动作描述更加清晰和直观，SOP 编制时需要在 SOP 中插入关键动作要点图片，因此，必须对每个操作单元中的关键动作要点进行照片拍摄，为 SOP 编制提供素材。

关键动作要点拍摄注意事项：

1）对每一个作业步骤中的细部动作分别拍摄。

2）镜头内必须能显示加工部位和作业者的作业动作。

3）像素要高，以保证照片清晰。

4）连续对同一对象进行作业时，可采用同一图片，在图片中进行标注并分点陈述。

5）由于产品不同而导致作业动作差异的，需对每种产品分别拍摄采集。

6. 对作业内容精准描述

作业动作要点优化及拍摄后，开始组织编写 SOP。

编写 SOP 时需对作业内容进行精准语言描述，应该做到让使用者容易看懂、方便记忆、没有歧义。针对容易犯错误的作业内容，或者难以理解的文字描述，可以配备图片进行补充说明，比如我们在安装和夹紧工件的时候无法用语言进行准确描述，就可以拍一张细节照片作为示意图。作业要点描述示例如图 9-6 所示。

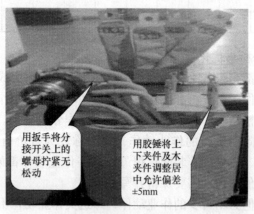

图 9-6　作业要点描述示例

注意：文字描述和示意图应该用箭头或者序号实现文与图的对应，防止出现歧义。

另外，还应充分听取和借鉴经验丰富的老员工的意见和建议，让他们提供优良工作经验及通俗易懂的语言描述。

7. SOP 排版

SOP 排版，即按照企业设定的 SOP 标准格式对 SOP 进行版式排布。SOP 文件排版示例如图 9-7 所示。

总装作业指导书

分发控制号: ________

文件编号	版本	编制	审核	批准	修订日期	生效日期
DB-YF3-Z01	C/0	梁威鸿				

作业步骤

1. 出炉将干燥好的器身用2500V兆欧表测量器身高低压及地的绝缘，绝缘电阻≥1500 兆欧，此时可以出炉总装。
2. 出炉后，将夹件及木夹件调整居中，分接开关螺母拧紧无松动，如图一所示。

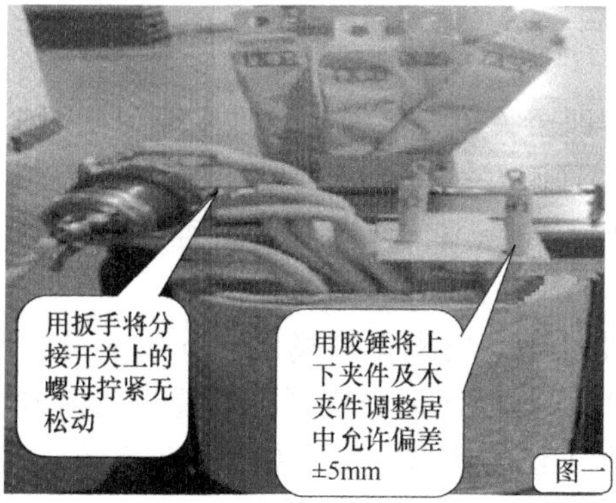

3. 报检给试验员测试空载损耗。
4. 将测试合格的器身用行吊吊高，然后用吸尘器、抹布、干燥压缩空气清洁干净，如图二所示。

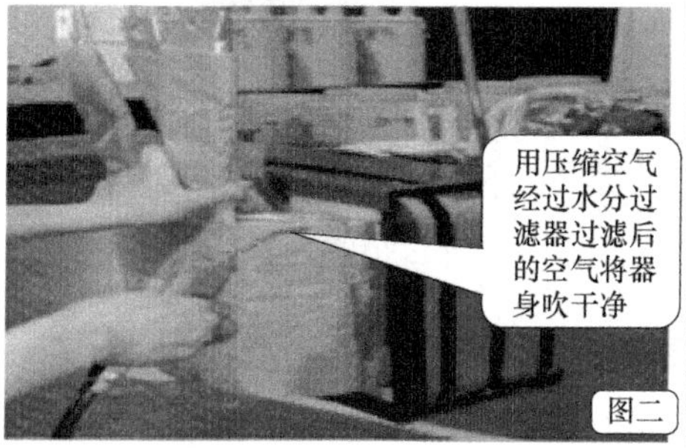

注意事项

1. 测量绝缘电阻应≥1500兆欧，则产品干燥合格，否则继续进行真空干燥处理，直至绝缘电阻合格为止。
2. 拧紧分接开关螺母时注意t3和t4的分接引线走向，如下图所示。

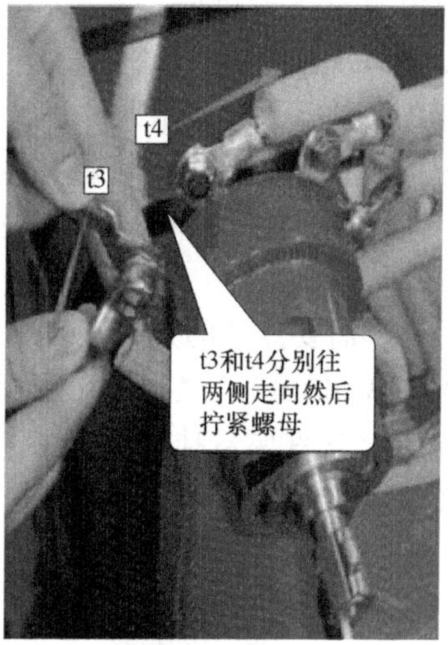

3. 测试空载损耗时插片作业人员需离开岗位，预防触电伤人。
4. 器身清洁步骤如下3点：
   4.1用吸尘器吸干净器身表面的灰尘杂物等。
   4.2用抹布擦干净器身表面的灰尘杂物等。
   4.3将器身吊高用抹布擦下夹件底部的灰尘杂物等。

图 9-7　SOP 文件排版示例

SOP 没有统一的标准格式，每个企业都可以根据自己的需要设计本企业的 SOP 标准格式。一般，SOP 标准格式里需要包含的主要内容有：作业序号、作业内容、安全注意事项、循环时间、节拍、异常处置方法、版本号、编审批等内容。

SOP 排版完成后，只能算是初稿完成，还不能下发使用，必须要经过评审修改和批准后，才能正式培训下发。

8. 评审修改

SOP 初稿编制完成后，需要召开评审会，对 SOP 内容的科学性、合理性和可行性进行评审。一般，除了 SOP 编制人员外，评审会还需要邀请产品设计人员、工艺技术人员、质量技术人员、设备技术人员、安全管理人员以及经验丰富的老员工参加。

SOP 编制人员根据评审会上确定的修改意见或建议，对 SOP 进行修改完善后，提交相关部门进行会签，会签部门一般包括：工艺部门、质量部门、设备管理部门、安全管理部门等。会签完成后，经企业主管领导审批同意，就可以作为正式 SOP 文件下发执行了。

9. SOP 张贴悬挂与培训

SOP 下发后，对使用人员开展培训至关重要。SOP 培训主要包括两个阶段：一是 SOP 文件培训，让使用者看懂、理解并掌握 SOP 中的相关要求；二是 SOP 实操培训，要让使用者在工位上进行实操练习，以验证其是否真正掌握了 SOP 相关要求。

另外，需要注意的是，SOP 文件打印时要根据现场的实际情况设置尺寸大小（A3、A4 均可），最好使用彩色打印，以保证使用者能够看清楚内容。打印完成的 SOP 文件要悬挂或张贴在作业工位的适当位置（如图 9-8 所示），方便使用者随时查看。

图 9-8　SOP 文件现场悬挂示例

10. 持续优化

SOP 是根据企业当前作业条件编制的，不是一成不变的。一旦作业条件发生变化（比如工艺变化、设备变化等），就需要对 SOP 在当前版次的基础上进行修订。

9.3 实践案例：万能数据线作业 SOP 与检验 SOP 设计实操解析

下面将按照 SOP 设计步骤对兴华公司万能数据线生产加工工序进行 SOP 编制。将万用数据线的生产过程中的步骤和要求以统一的格式文件描述出来，用来指导和规范日常的生产工作，对各个工序的作业关键控制点进行细化和量化，按照 SOP 的要求开展标准作业可以提高生产效率、保证产品质量、节省制造资源，从而大大降低企业的成本。

1. 确定万能数据线工艺流程

根据本书第 4 章可知兴华公司万能数据线生产工艺流程如图 9-9 所示。

图 9-9　兴华公司万能数据线生产工艺流程

根据兴华公司万能数据线生产工艺流程，SOP 设计人员可以清晰地理解掌握产品工艺要求、加工或装配部位、作业顺序等，为后续 SOP 设计提供依据。

2. 确定 SOP 的设计范围

根据本书第 4 章可知兴华公司万能数据线生产工序见表 9-2。

表 9-2 兴华公司万能数据线生产工序划分

工序划分		工艺流程
工序序号	生产工序	
工序一	线体预处理	绕线
		剥线（USB 端/IP5 端）
		分铜丝
		剪铝箔
		剥线皮（芯线）
工序二	USB 焊接	线头镀锡
		焊接 USB 插头
		焊接目测检验
工序三	USB 插头内膜安装	安装成型 USB 插头内膜
工序四	半成品电压测试（一）	半成品电压测试
工序五	B/C/L 接头焊接	IP5 端浸锡
		Micro-B 接口、Type-C 接口、Lightning 接口焊接
		焊接目测检验
工序六	点胶	Micro-B 接口、Type-C 接口、Lightning 接口，点胶
工序七	屏蔽壳焊接	组装屏蔽壳
		激光焊接屏蔽壳、铆压
		屏蔽线屏蔽壳焊接
工序八	半成品电压测试（二）	半成品电压测试
工序九	内外膜安装	安装 USB 外膜
		IP5 装内膜、修毛刺
		IP5 装外膜
工序十	成品测试	成品电压测试
		成品带负载测试
		成品外观检验
工序十一	扎线包装	扎线包装

由表 9-2 可知，兴华公司万能数据线生产运作系统共分为 11 个生产工序，其中作业工序 8 个，测试工序 3 个。因此，SOP 设计人员需要对 8 个作业工序设计编制作业 SOP 文件、对 3 个测试工序设计编制检验 SOP 文件。

3. 作业分解-划分操作步骤

SOP 设计人员采用现场观测法仔细观察作业人员的作业过程，同时使用笔、纸、秒表进行测定和记录每个作业动作的内容与作业时间，然后根据记录进行作业分解。

4. 作业动作分析与优化

对步骤三分解的各工序作业动作进行分析，识别并取消浪费的动作，比如动作幅度太大、过渡的伸展、弯腰、花费时间寻找工具或材料，这类动作是多余的，在SOP中需要应坚决取消，保留有价值的动作。

对保留的有价值的动作进行作业要点分析，识别判断在这些有价值的作业动作中有哪些动作是影响作业安全、产品质量的动作要点，列出明细见表9-3。

表9-3　万能数据线主要作业动作要点识别

标准作业程序	控制要点	生产工具	所需文件
1. 绕线	注意接线长度	绕线机	工艺文件
2. 剥USB-A端	注意剥皮的长度	剥皮机	工艺文件
3. 分铜线	注意接线长度	—	工艺文件
4. 剪铝箔	注意接线长度	刀片	工艺文件
5. 剥线皮	注意剥皮的长度	剥皮机	工艺文件
6. 线头镀锡	线头不分叉	锡炉、助焊剂	工艺文件
7. 焊接USB插头	焊接要充分	全自动USB A公焊接机	工艺文件
8. 焊接目视检测	认真观察焊接部位	—	工艺文件
9. 安装成型USB内膜。内膜采用TPE材质，其接触更稳更安全线头不易损坏			工艺文件

5. 关键动作要点拍摄

要求生产现场的作业人员严格按照前面步骤识别出的各个工序有价值的动作进行作业，作业人员坚决消除浪费的作业动作，并强调作业要点的执行，采用相机以拍照片的形式记录下这些与作业要点有关的作业动作。例如，关键动作之一——剥线皮作业动作照片如图9-10所示。

6. 对作业内容精准描述

针对作业要点的作业内容或容易犯错误的作业内容，可以拍一张细节照片作为示意图并配有作业要点有关的文字语言进行准确描述，确保对生产作业过程的准确描述对现场作业人员具有较强的指导作用，剥线皮作业动作精准描述如图9-11所示。

7. SOP排版

按照兴华公司规定的SOP文件标

图9-10　剥线皮作业动作照片

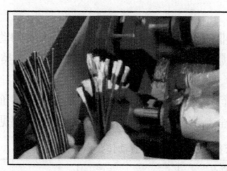

1. 首先按照工艺文件确定好剥皮长度
2. 将线头放进治具内进行剥外皮
3. 检查剥皮长度是否符合工艺文件要求

图 9-11　剥线皮作业动作精准描述

准格式（不同的企业会有不同的标准格式，不管采用什么样的格式只要适合本企业就行），将以上步骤收集整理得到的作业信息，以标准文件的形式固化下来。除此以外，还可以根据加工产品的特性加入安全、循环时间、节拍、异常处置方法、版本号、会签审批等有关内容，最后用计算机进行排版，形成 SOP 文件。脱外皮工序作业 SOP 文件如图 9-12 所示。

工序名称		脱外皮		版本号	A01
编制：		审核：	会签：	批准：	
作业主要设备工具、工装：自动剥线机、钢板尺、剥线专用定位工装					
序号	作业步骤	作业内容	控制要点		
1	物料确认	根据本车间生产计划和物料清单，确认本批次待加工料盒中线材的型号规格、数量是否符合要求，是否具备开工条件	确认线材规格型号、数量符合要求	确认物料规格型号 	
2	脱去线材一端外皮	1. 设备开机动作正常，剥线机定位工装调整到位。2. 左手在靠近线材端部手持线材，右手将线材端部每次一根线送入自动剥线机，线头顶住定位块，剥线机自动脱去线外皮。3. 加工出的首件，使用钢板尺自检剥线长度，剥线长度应满足标准要求	确保剥线长度满足产品质量标准要求		
3	脱去线材另一端外皮	1. 当手中的线材全部完成一端的脱皮后，将线材两端颠倒互换，手持线材另一端部，按上一步骤操作过程执行，脱去另一端外皮。2. 加工出的首件，使用钢板尺自检剥线长度，剥线长度应满足标准要求。3. 将加工完成的线材按批次管理要求，摆放在已完工料盒里	确保剥线长度满足产品质量标准要求	注意剥线长度 	

图 9-12　脱外皮工序作业 SOP 文件

成品带载检测检验 SOP 文件如图 9-13 所示。

工序名称	成品带载检测		版本号	A01
编制:	审核:		会签:	
作业主要设备工具、工装: 负载机 固定工装夹具				
序号	作业步骤	作业内容	控制要点	
1	插入测试模具	将USB端主体平直放入测试治具母座内再将C48插入治具母座内, 插入时直插直拔	不可将主体有刮伤现象	
2	观察空载电压值	1. 用手按负载机选择1, 观察负载机显示空载电压值 2. 负载机选择2, 观察负载机带载电压值	1. 在负载选择一时观察是否在4.75～5.25V范围内, 是则为良品, 否则为不良品 2. 在负载选择二时观察是否在4.40～5.25V范围内, 是则为良品, 否则为不良品	
3	翻面测试	C48单侧面测试完后翻至另一面进行测试	不可将主体有刮伤现象	

观察电压值是否符合范围

不可有主体刮伤现象

图 9-13 成品带载检测检验 SOP 文件

8. SOP 张贴悬挂与培训

最终编制完成的 SOP 文件经相关负责人的审核批准后, 需要对现场生产人员按照 SOP 文件的作业要求进行作业培训, 并将 SOP 文件悬挂在生产现场, 以便于现场人员随时查阅学习。

生产运作系统运行效果评价与改进

10.1　生产运作系统运行效果评价概述

10.1.1　生产运作系统运行效果评价的概念

生产运作系统运行效果评价，是指运用系统方法对企业现行的生产运作系统从不同评价维度和评价指标进行评价，分析生产运作系统当前存在的主要问题，确定将来的改进方向。

10.1.2　生产运作系统运行效果评价维度

评价维度，即评价角度。

从精益生产和企业运营的角度看，一般从时间、成本、质量、效率等四个维度对生产运作系统运行效果进行评价。生产运作系统运行效果评价维度如图 10-1 所示。

图 10-1　生产运作系统运行效果评价维度

10.1.3 生产运作系统运行效果评价指标

生产运作系统运行效果评价以定量评价为主。从四个评价维度看，其包含的评价指标见表 10-1。

表 10-1 评价指标

评价维度	主要评价指标
时间	产品加工制造周期、生产交付周期、生产运作系统增值比
成本	原材料库存、在制品库存、综合废品率
质量	产品一次合格率、直通率
效率	人均产能、设备利用率、生产线平衡率

1. 时间维度评价指标

产品加工制造周期：在制造型企业，是指产品从加工工艺执行开始到产品检验合格入库的理论时间，是各工序理论作业（或加工）时间之和，除非人、机、料、法、环等因素改变，否则生产运行系统的产品制造周期一般是不变的。

生产交付周期：在制造型企业，是指该产品从原材料采购、投入生产开始，经过加工、装配、测试、包装等环节，到产品完成、验收入库为止的全部时间。该时间受生产运作系统内外界因素影响较大，一般都是变动的。

生产运作系统增值比：在制造型企业，是指生产运作系统中的增值时间总和（产品加工制造周期）与作业总时间（生产交付周期）的百分比。增值比是衡量生产运作系统时间有效利用的指标。增值比越高，则表明生产运作系统时间利用率越高，反之则越低。其计算公式见式（10-1）：

$$生产运作系统增值比 = \frac{增值时间总和}{增值时间总和 + 非增值时间总和} \times 100\% \quad (10\text{-}1)$$

2. 成本维度评价指标

原材料库存：是指企业为了生产加工产品，通过采购方式取得和持有的原材料、零部件的库存。原材料库存数量，一般可以通过企业资源计划（Enterprise Resource Planning，ERP）自动计算或人工库存盘点获得。

在制品库存：是指在企业产品生产过程中，处在由一种状态转换为另一种状态过程中的库存。在制品库存数量，一般需要通过人工库存盘点获得。

综合废品率：是指在企业产品生产过程中，全部废品总量占产品总量（合格品数和全部废品总量）的百分比。综合废品率计算见式（10-2）：

$$综合废品率 = \frac{废品总量}{产品总量} \times 100\% \quad (10\text{-}2)$$

3. 质量维度评价指标

产品一次合格率：又称产品一次交检合格率，是指对产品进行全部或特定的某个项目检验时，按照检验标准第一遍检验（未经返工、返修）就合格的数量与检验总数的百分比。产品一次合格率计算公式见式（10-3）：

$$产品一次合格率 = \frac{交检一次合格数}{交检总数} \times 100\% \qquad (10\text{-}3)$$

直通率：是指一件成品经由多道生产工序生产时，在每道工序都是一次合格，没有返工的比率。直通率能够了解产品生产过程中在所有生产工序下产品直达到成品的能力，是反映企业质量控制能力的一个参数，体现企业满足客户产品要求的一种能力，直通率越高，能力越强。直通率计算公式见式（10-4）：

$$直通率 = \frac{直通合格数}{投入总数} \times 100\% \qquad (10\text{-}4)$$

4. 效率维度评价指标

人均产能：是指在单位时间内，平均每人可生产合格产出数量。根据时间区间不同，又分为人均年产能、人均月产能、人均日产能、人均小时产能等。人均产能计算见式（10-5）：

$$人均产能 = \frac{合格产品数量}{工作时间 \times 投入人数} \times 100\% \qquad (10\text{-}5)$$

式中，单位时间可以是年、月、日或小时。

设备利用率：又叫产能利用率，是指在单位时间内，设备实际使用时间占计划使用时间的百分比。设备利用率是反映设备工作状态和生产效率的技术经济指标。设备利用率计算见式（10-6）：

$$设备利用率 = \frac{各单位时间内实际开机时长}{单位时间内计划开机时长} \times 100\% \qquad (10\text{-}6)$$

生产线平衡率：是指各工序作业时间的总和与作业人数和瓶颈工序时间二者乘积的百分比。企业生产线平衡率越高，则说明生产线上工序间等待越少，浪费越少，效率越高，成本越低。生产线平衡率计算见式（10-7）：

$$生产线平衡率 = \frac{各工序作业时间总和}{作业人数 \times 瓶颈工序时间} \times 100\% \qquad (10\text{-}7)$$

10.1.4　生产运作系统运行效果评价的目的与意义

1. 生产运作系统运行效果评价的目的

生产运作系统是一个投入—产出系统，其主要功能是将一系列投入转换为社会或客户所需要的产出。因此，生产运作系统运行效果的好坏直接影响了该系统的产出效果，通过对生产运作系统运行效果进行评价，可以判断生产运作系统的运行是否达到生产运作系统设计的预期效果，同时发现生产运作系统中存在的主要问题和改进方向。

2. 生产运作系统运行效果评价的意义

对生产运作系统运行效果进行评价，有如下重要意义：

1）对生产运作系统运行效果进行评价，有助于判断生产运作系统是否达到预期设计效果。

2）对生产运作系统运行效果进行评价，有助于及时了解系统内部对各种资源的利用情况及其现存问题和未来改进方向。

3）对生产运作系统运行效果进行评价，可以挖掘生产运作系统中存在的问题根源，有助于问题的根本解决，为企业进行持续、系统化的改进提供科学依据。

4）对生产运作系统运行效果进行评价，有助于加强生产运作系统内部沟通，实现协调发展，提高企业经营管理水平，提升企业综合竞争力。

10.2 基于价值流分析的生产运作系统运行效果评价方法

10.2.1 基于价值流分析的生产运作系统运行效果评价步骤

1. 评价对象确定

评价对象确定有两层含义：一是确定生产运作系统的物理边界，可以是一条生产线、一个生产车间，也可以是一个工厂；二是确定生产运作系统的产品边界，即以哪一种产品为评价载体。

生产运作系统的物理边界和时间边界不同，其评价维度、评价复杂程度也不同。

2. 评价维度及指标确定

对生产运作系统运行效果进行评价时，并不是必须针对每个维度进行评价，而是要根据生产运作系统的实际情况，选择当前最需要关注的评价维度，可以是评价维度中的某一个，也可以是某几个。同样，选择某一维度的评价指标时，也要根据生产运作系统的实际情况，选择最能评价生产运作系统当前运行效果的评价指标。

3. 当前运行数据信息调研采集

为了客观、清晰地绘制出生产运作系统当前价值流图，需要通过管理人员访谈、现场调研、物资盘点、生产报表查阅等方式，对生产运作系统运行现状进行摸底和数据信息采集，为价值流图绘制提供数据和信息支持。

　　数据信息采集的重点包括：生产过程、客户要求、生产作业人员工作时间、生产计划信息、物料信息、各工序制造过程信息等。其中，制造过程信息最为重要，主要包括：各工序产品加工制造周期时间、各工序产品一次合格率、各工序现场在制品数量等。

4. 价值流图绘制与分析

　　以产品的价值流动过程为依据，应用价值流图的特定符号，结合现场考察得到的数据，绘制出生产运作系统的价值流图。价值流图绘制与分析步骤如图 10-2 所示。

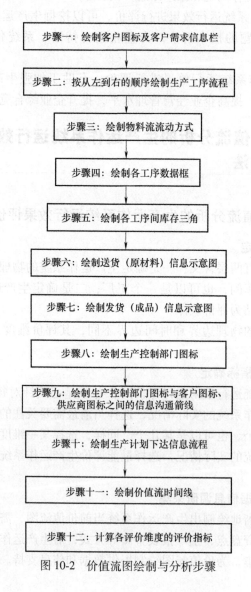

步骤一：绘制客户图标及客户需求信息栏

步骤二：按从左到右的顺序绘制生产工序流程

步骤三：绘制物料流流动方式

步骤四：绘制各工序数据框

步骤五：绘制各工序间库存三角

步骤六：绘制送货（原材料）信息示意图

步骤七：绘制发货（成品）信息示意图

步骤八：绘制生产控制部门图标

步骤九：绘制生产控制部门图标与客户图标、供应商图标之间的信息沟通箭线

步骤十：绘制生产计划下达信息流程

步骤十一：绘制价值流时间线

步骤十二：计算各评价维度的评价指标

图 10-2　价值流图绘制与分析步骤

5. 生产运作系统运行效果评价

根据通过价值流图绘制和分析计算出的各评价维度的评价指标，与同行业水平或本企业以前水平相比较，进行生产运作系统运行效果评价。

6. 问题分析与持续改进

对各评价维度的评价指标进行分析，找出影响评价指标的主要因素，拉条挂账，有针对性地进行问题结合和持续改进，促进生产运作系统运行效果再上新台阶。

10.2.2 生产运作系统运行效果评价工程实践案例

1. 评价对象确定

金峰机械公司是一家汽车零部件制造企业，主要为嘉陵汽车总装厂生产钢制后尾灯托架。

在本案例中，以金峰机械公司生产运作系统为评价对象，以钢制后尾灯托架产品为评价载体，进行基于价值流分析的生产运作系统运行效果评价。

2. 评价维度及指标确定

目前，金峰机械公司主要存在资金占用大、生产效率低、订单交付不及时等问题，因此，计划从时间维度、成本维度、质量维度、效率维度等四个维度对金峰机械公司生产运作系统运行效果进行评价。其主要评价指标包括：产品制造周期、生产交付周期、原材料库存、工序最高在制品库存、直通率和生产线平衡率。

3. 当前运行数据信息调研采集

金峰机械公司相关数据信息采集如下。

1）生产过程。金峰机械公司对该系列产品的生产过程包括冲压、钻孔、磨削、焊接、装配和包装发运，最后该部件被包装后每天送往嘉陵汽车总装厂。钢材由首都钢铁公司提供，每周一送达金峰机械公司。

2）客户要求。每月16000件；客户工厂以两班制生产；用可周转的托盘置于货厢内；每个托盘放20个后尾灯托架，每10个托盘放于一个货厢内；客户以托盘的倍数订货；金峰机械公司每天用货车将成品送往嘉陵汽车总装厂。

3）生产作业人员工作时间。每月上班20天；所有生产部门均两班生产；每天每班工作时间为8h，必要时可以延长；每班休息时间为20min；每班吃饭时间为30min。

4）生产计划与物料信息。每隔1个月收到嘉陵汽车总装厂发来的订货预测。金峰机械公司每2周编制物料需求预测，并传递给首都钢铁公司。金峰机械公司通过每周给首都钢铁公司传递订单来保证钢材的供应。金峰机械公司从嘉陵汽车总装厂收到每日订单。金峰机械公司根据客户订单、在制品库存水平、成品库存水平及预期的产品合格率等情况编制每周生产计划需求，下达给生产车间主管。金峰机械公司生产车间主管给冲压、钻孔、磨削、焊接、装配Ⅰ、装配Ⅱ、包装发运等各生产工序下达日生产计划。金峰机械公司给发运部门下达每日发货计划。

5）制造过程信息。金峰机械公司制造过程信息见表10-2。

表10-2 金峰机械公司制造过程信息

工序号	工序名称	过程信息	具体参数	作业方式
工序一	冲压	产品制造周期时间/s	3	人+设备
		设备平均可动率	90%	
		产品一次合格率	99%	
		当前在制品库存/件	6000	
工序二	钻孔	产品制造周期时间/s	5	人+设备
		设备平均可动率	98%	
		产品一次合格率	99%	
		当前在制品库存/件	4500	
工序三	磨削	产品制造周期时间/s	25	人+设备
		设备平均可动率	97%	
		产品一次合格率	98%	
		当前在制品库存/件	4500	
工序四	焊接	产品制造周期时间/s	42	人+设备
		设备平均可动率	85%	
		产品一次合格率	96%	
		当前在制品库存/件	3000	
工序五	装配Ⅰ	产品制造周期时间/s	58	人
		设备平均可动率	100%	
		产品一次合格率	99%	
		当前在制品库存/件	3000	
工序六	装配Ⅱ	产品制造周期时间/s	43	人
		设备平均可动率	100%	
		产品一次合格率	99%	
		当前在制品库存/件	1800	
工位七	包装发运	产品制造周期时间/s	5	人+设备
		设备平均可动率	100%	
		产品一次合格率	98%	

4. 价值流图绘制

步骤一：绘制客户图标及客户需求信息栏

首先将客户的图标画在价值流图的右上角，然后在客户图标的正下方画一个数据框，将客户的需求填在数据框内对应的位置。

客户数据框的主要内容包括：每种产品的月需求数量、包装规格、客户生产班次安排等。绘制客户图标及客户需求信息栏如图 10-3 所示。

图 10-3　绘制客户图标及客户需求信息栏

步骤二：按从左到右的顺序绘制生产工序流程

将代表不同工序的工序框绘制在价值流图的底部，从左向右画，最左边的工序框代表生产流程的最上游工序，最右边的工序框代表最下游工序。本案例中，从上游到下游的工序依次为冲压、钻孔、磨削、焊接、装配Ⅰ、装配Ⅱ、包装发运等。

每个工序图标可标注工序的相关信息，比如操作工人数、设备数量等。从左到右绘制生产工序流程如图 10-4 所示。

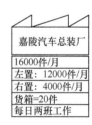

图 10-4　从左到右绘制生产工序流程

本案例中，冲压、钻孔、磨削、焊接、装配等工序都相对独立，其之间需要通过托盘进行批量传递，并不是连续的，因此，在绘制价值流图时，每个工序都用一个工序框来表示。

注意，生产工序流程是按照工序从左向右绘制，而不是按照工厂或车间的实际布局来绘制。

步骤三：绘制物料流流动方式

物料流流动方式主要有两种，一是生产操作者推动，二是客户（下一道工序也是客户）拉动。本案例中，物料流动的方式是生产操作者推动，因此，应该按照从左到右的顺序用推动方式的图标绘制出物料流动。绘制物料流动方式如图 10-5 所示。

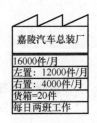

| 嘉陵汽车总装厂 |
| 16000件/月 |
| 左置：12000件/月 |
| 右置：4000件/月 |
| 货箱=20件 |
| 每日两班工作 |

图 10-5　绘制物料流流动方式

注意，本案例中，只有一个流程，比较简单明了。实际上，很多企业存在多个流程交叉、平行、交汇的情况。对于初学者来说，刚开始绘制价值流图时，没有必要非得画出每一个支流程，太复杂的流程往往会让初学者心生畏惧或思维混乱。初学者可以先把主干流程绘制出来，等以后需要或熟练掌握价值流图绘制方法时，再添加分支。

步骤四：绘制各工序数据框

要想准确掌握各工序的运行状况，必须要详细了解各工序的信息数据，并填写到数据框内。一般情况下，数据框应包含的信息数据有该工序的产品制造周期时间、有效作业时间、设备可动率、产品一次合格率等。

产品制造周期时间，也称循环时间（Cycle Time，CT），是指完成一道工序到下一件开始的时间，一般以秒（s）为计量单位。需要注意的是，CT 是指按照操作顺序进行一个循环作业的最短时间，但必须是可以连续作业的最短时间。每数次循环发生一次的监测、换刀、处理空箱等作业的时间，不纳入 CT 计算。如果生产线里存在同时生产 2 件或同一工序里使用两台设备时，按每生产 2 件作为一个循环，然后注明一个循环生产 2 件。

有效作业时间，是指每班实际作业时间，即每班计划上班时间减去计划停工时间、法定休息时间、开会时间、现场整理时间及设备日常维保时间等，一般以秒（s）为计量单位。例如，在本案例中，每班工作时间为 8h，每班休息时间为 20min，每班吃饭时间为 30min，有效作业时间 = 60min × 8 − 20min − 30min = 430min = 25800s。

设备可动率，也称设备稼动率，是指在工作时间内，设备实际开动时间与应开动时间的比值，即稼动时间与总工时的比值。设备实际开动时间是指无故障运行时间，应开动时间是由客户需求计划决定的。设备可动率，理想状态是 100%。

产品一次合格率 = 一次下线合格产品数 / 产品总数 × 100%。

在每个工序图标正下方画上数据框，并填入相关信息。绘制各工序数据框如图 10-6 所示。

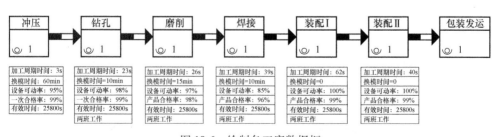

图 10-6　绘制各工序数据框

注意，CT 不是节拍时间，TT（Takt time）才是节拍时间。CT 是一个循环实际作业时间；TT 是根据一日的需求量计算出来的单件时间。CT 与生产线的实际生产周期、设备生产能力有关；TT 与实际生产周期、设备生产能力、作业者人数无关，是由客户需求决定的。

步骤五：绘制各工序间库存三角

理想状态下，在以"一个流"为特征的精益生产方式中，各工序之间的中间在制品要么是 0，要么是 1。本案例中，各工序之间都有大量的原材料库存、中间在制品库存或成品库存。

在各工序之间的原材料库存、中间在制品库存或成品库存的位置上画上库存图标，并在库存图标的正下方标注出库存种类及数量（如果两道工序之间有多个库存，那么每一个库存的位置都要用库存图标表示出来，并在库存图标的正下方标注出库存种类及数量）。绘制库存图标并标注库存信息如图 10-7 所示。

嘉陵汽车总装厂
16000件/月
左置：12000件/月
右置：4000件/月
货箱=20件
每日两班工作

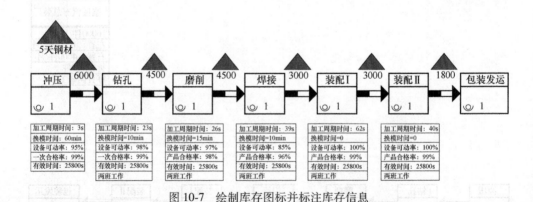

图 10-7　绘制库存图标并标注库存信息

注意，有些时候，库存的量也可以以时间为单位进行标注，比如在本案例中，钢材的库存量就标注为"5 天"。另外，库存种类和数量最好是价值流图绘制者通过亲自去现场盘点得到的，不要从库存台账记录表或 ERP 信息系统中直接导出引用，这样做的话，容易出现信息数据与现场不符的情况，可能会导致价值流图数据失真。

步骤六：绘制送货（原材料）信息示意图

首先在价值流图的左上角绘制供应商图标，然后在供应商图标的正下方画出货车图标，并在货车图标内填上送货频率（送货频率，一般是企业与供应商共同商定的结果，即采购部门给供应商下达的送货计划），并画一条箭线从供应商图标起，穿过货车图标后，指向价值流最上游生产过程的图标。绘制送货（原材料）信息示意图如图 10-8 所示。

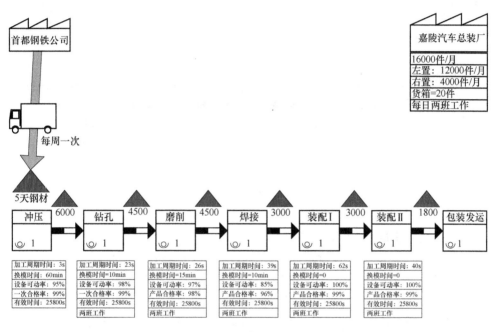

图 10-8　绘制送货（原材料）信息示意图

注意，关于运输工具，货车只是其中一种（本案例是货车送货）。绘制者应该根据实际情况选择绘制对象，除货车外，也有可能是飞机、火车、轮船等。

步骤七：绘制发货（成品）信息示意图

首先在客户图标下方画出货车图标，并在货车图标内填上发货的频率，并画一条箭线从包装发运图标起，穿过货车图标后，指向客户图标。绘制发货（成品）信息示意图如图 10-9 所示。

注意，发货频率是根据客户日需求产品数量、包装容器以及运输车辆的载货量计算得出的。

从步骤一至步骤七，绘制的是价值流图中的物料流部分，接下来，就要绘制价值流图中的信息流部分了。物料流主要在价值流图的下半部分，而信息流主要在价值流图的上半部分。绘制信息流时，要从右向左画。

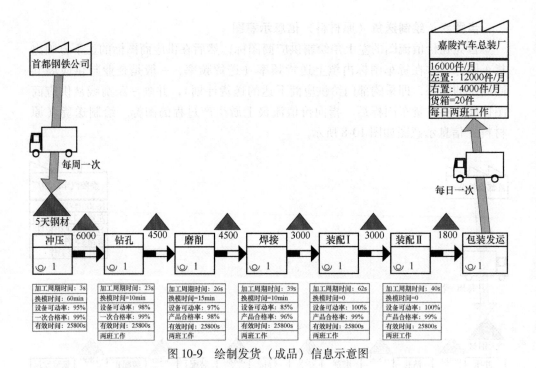

图 10-9 绘制发货（成品）信息示意图

步骤八：绘制生产控制部门图标

绘制价值流图中的生产控制部门。在以传统管理模式为主的企业，一般都设有专门的生产控制部门，通常称为生产计划与物料控制（Production Material Control，PMC）部门，并设有专门的生产计划人员和生产调度人员来负责信息流的传递和管理。随着智能制造的推进，越来越多的企业开始推行制造业信息化。信息化应用水平较高的企业，开始使用企业资源计划（Enterprise Resource Planning，ERP）或制造执行系统（Manufacturing Execution System，MES）来进行信息流的传递和管理。

本案例中，依然是采用传统的管理模式，由金峰机械公司的生产计划与物料控制部门来负责信息流的传递和管理。生产计划与物料控制部门从客户处获取订单信息、发货信息，从生产车间收集产能信息，经综合处理后，向价值流中的每一道工序下达生产指令（生产什么、生产多少、什么时候生产等），同时，也要向仓储运输部门下达每日发货（成品）计划。绘制生产控制部门图标如图 10-10 所示。

注意，生产控制部门图标，要绘制在价值流图的中间顶部，在水平方向上，要以高于供应商图标和客户图标为佳。

步骤九：绘制生产控制部门图标与客户图标、供应商图标之间的信息沟通箭线

绘制生产控制部门图标与客户图标之间的信息沟通箭线，用来表示客户的预

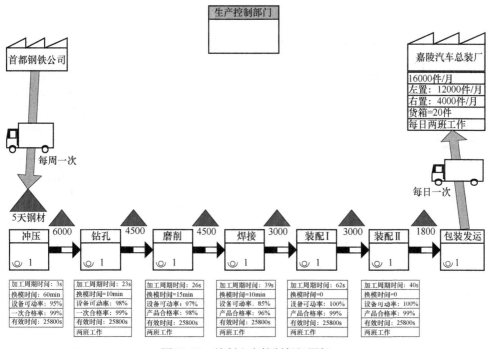

图 10-10 绘制生产控制部门图标

测信息和订单信息，并在箭线上标注信息传递频率。同理，绘制生产控制部门图标与供应商图标之间的信息沟通箭线，用来表示生产控制部门向供应商传递预测信息和订单信息，并在箭线上标注信息传递频率。

本案例中，金峰机械公司每隔1个月收到嘉陵汽车总装厂发来的预测，每日收到嘉陵汽车总装厂发来的订单；金峰机械公司编制2周预测并传递给首都钢铁公司，并通过每周给首都钢铁公司传真订单来保证钢材的供应。绘制生产控制部门图标与客户图标、供应商图标之间的信息沟通箭线如图 10-11 所示。

注意，信息流的流动方式一般有两种。一种是电子方式，比如 ERP、MES、电子邮件、传真等，有时候办公自动化（Office Automation，OA）系统也可以用来实现信息流的流动；另一种方式是手工方式，比如纸质订货单、纸质生产派工单等。当前，互联网高度发达，即使部分企业没有实现制造信息化，一般也都实现了互联网办公，所以，信息在生产控制部门与客户、供应商之间一般都是以电子化的方式发生流动的，因此以折线箭头图标表示（人工方式图标是直线箭头）。

步骤十：绘制生产计划下达信息流程

绘制生产计划下达信息流程。本案例中，金峰机械公司生产计划与物料控制

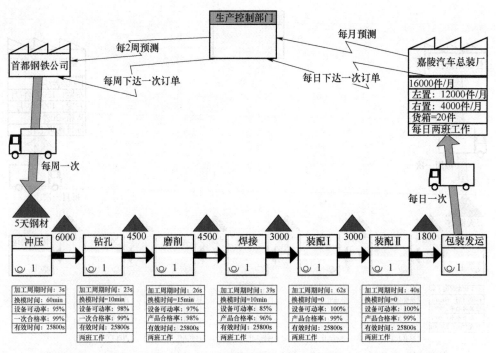

图 10-11　绘制生产控制部门图标与客户图标、供应商图标之间的信息沟通箭线

部门根据客户订单、在制品库存水平、成品库存水平及预期的废品率和停产时间确定每周生产需求，形成每周生产计划，下达给生产车间主管。生产车间主管对生产计划与物流控制部门下达的每周生产计划进行按天、按工序分解，形成各工序每日生产计划，分别下达至冲压、钻孔、磨削、焊接、装配Ⅰ、装配Ⅱ、包装发运等各生产工序。绘制生产计划下达信息流程如图 10-12 所示。

注意，不同企业，生产计划下达形式不同，要按照企业实际生产下达形式绘制。

步骤十一：绘制价值流时间线

对整个价值流绘制时间线。在价值流中，时间线是指一条代表产品交付期的水平线，它将产品的物料流（生产）过程按照时间顺序串联起来，可以直观地反映一件产品从原材料入库、出库、生产加工到交付给客户的全流程时间。

时间线由增值时间和非增值时间组成。增值时间，是指生产过程中的"增值活动时间（加工）"，以冲压工序为例，增值时间就是该工序的加工周期时间，即该工序的增值时间为 3s；非增值时间，则是指除增值时间以外的交付时间，一般用工序间的在制品库存数量（价值流图中的库存三角图标所标注的数量）

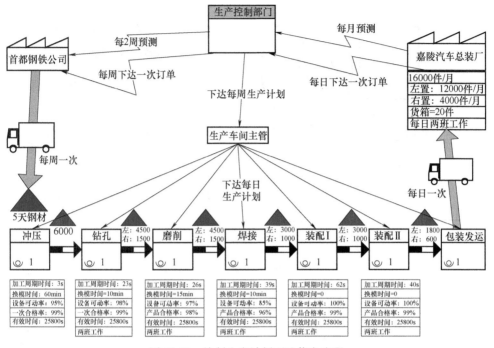

图 10-12 绘制生产计划下达信息流程

与客户每天需求量的比值来计算，一般以"天"为单位，工序库存时间计算见式（10-8）：

$$工序库存时间 = \frac{工序在制品库存}{客户每天需求量} \tag{10-8}$$

注意，一般情况下，企业因设备故障停机、更换模具、产品不合格、物料和零部件断供等所产生的非增值时间，都会用在制品库存的方式来弥补，以防止生产停滞，因此，用工序间的在制品库存数量与客户每天需求量的比值来计算非增值时间是合适的，也是方便的。

以冲压工序库存时间为例进行计算（如图 10-13 所示），冲压工序非增值时间为 10 天。

按照同样的方式，可以把价值流图中的所有增值时间和非增值时间计算出来，并绘制时间线。在绘制时间线时，增值时间对应在相应工序正下方波谷，非增值时间对应在库存三角图标正下方波峰。

在价值流图中的时间线上标识出交付期和增值时间数据后，现状价值流图就绘制完成了。

绘制价值流时间线如图 10-14 所示。

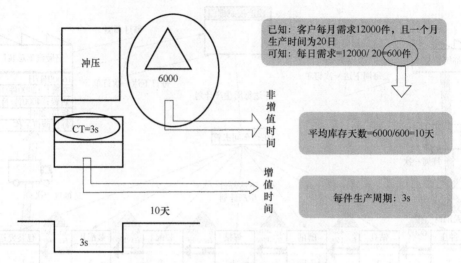

图 10-13　冲压工序库存时间计算示例

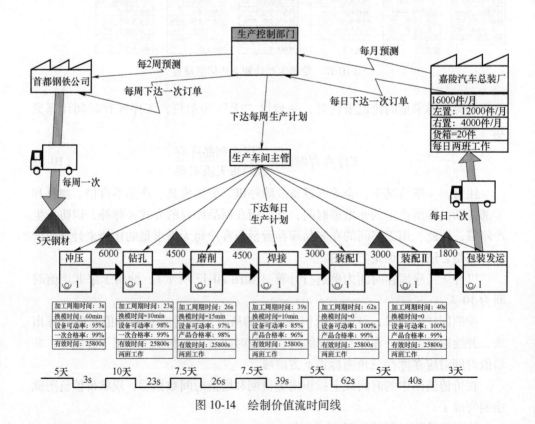

图 10-14　绘制价值流时间线

注意，①一条生产线上生产不同产品类型，需要按照产品类型分别绘制时间线；②计算工序库存时间时，如果该工序库存三角图标里有两个及以上产品种类库存数据，则需要按照产品种类分别计算。③在利用时间线计算产品生产交付期时，当遇到多个前道工序支流的情况时，要选取最长支流的时间来计算。

步骤十二：计算各评价维度的评价指标

根据图 10-14 价值流图中的数据和时间线计算各评价维度的评价指标。

1）产品加工制造周期。产品加工制造周期，即增值时间，是各工序作业时间总和，根据图 10-14 价值流图中的每个加工工序的数据计算可得

产品加工制造周期（增值时间）= 各工序作业时间总和 = $3+23+26+39+62+40 = 193s$

2）生产交付周期。生产交付周期包含增值时间和非增值时间，根据图 10-14 价值流图中的原材料库存、在制品库存和成品库存可以计算出非增值时间为

非增值时间 = $5+10+7.5+7.5+5+5+3 = 43$ 天 = $43 \times 3600 \times 24 = 3715200s$

3）原材料库存。从图 10-14 价值流图直接可以看出，原材料库存时间为 5 天。

4）工序最高在制品库存。从图 10-14 价值流图直接可以看出，冲压工序在制品库存最高，为 6000 件。

5）直通率。按照投入产品总数 1000 件计算，根据图 10-14 价值流图中各工序一次合格率和直通率公式（10-4）计算如下：

$$直通率 = \frac{直通合格数}{投入总数} \times 100\% = \frac{6000 \times 99\% \times 99\% \times 98\% \times 96\% \times 99\% \times 99\%}{6000} \times 100\%$$
$$= 90.37\%$$

6）生产线平衡率。根据金峰机械公司制造过程信息可知，作业人数为 7人；从图 10-14 价值流图中可知，各工序作业时间总和为 193s，瓶颈工序为装配Ⅰ，其工序时间为 62s，根据生产线平衡率公式（10-7）计算如下：

$$生产线平衡率 = \frac{各工序作业时间总和}{作业人数 \times 瓶颈工序时间} \times 100\% = \frac{193}{7 \times 62} \times 100\% = 44.47\%$$

5. 生产运作系统运行效果评价

根据各评价维度的评价指标，金峰机械公司生产运作系统运行效果评价如下。

1）时间维度。产品加工制造周期（增值时间）为 193s，生产交付周期为 3715200s，生产交付周期为产品加工制造周期的 19250 倍，说明金峰机械公司生产运作系统当中存在大量的时间浪费。

另外，根据生产运作系统增值比计算公式（10-1）计算可得：

$$生产运作系统增值比 = \frac{增值时间总和}{增值时间总和 + 非增值时间总和} \times 100\%$$

$$= \frac{193}{193 + 3715200} \times 100\% = 0.0052\%$$

从生产运作系统增值比也可以看出，金峰机械公司生产运作系统的时间浪费非常大。

2）成本维度。原材料库存为 5 天，工序最高在制品库存为 10 天。不管是原材料库存，还是工序最高在制品库存，均是居高不下，占用了大量资金和场地，说明金峰机械公司生产运作系统成本浪费严重。

3）质量维度。直通率为 90.37%，处于机械加工行业中的良好水平，说明金峰机械公司生产运作系统质量控制水平良好。

4）效率维度。生产线平衡率为 44.47%，低于机械加工行业的平均水平，说明金峰机械公司生产运作系统生产效率不佳。

6. 问题分析与持续改进

对金峰机械公司各评价维度的评价指标进行分析，找出影响评价指标的主要因素，拉条挂账，有针对性地进行问题结合和持续改进，促进生产运行系统运行效果再上新台阶。金峰机械公司生产运作系统持续改进表见表 10-3。

表 10-3　金峰机械公司生产运作系统持续改进表

主要问题	原因分析	改进措施
生产交付周期长	各种浪费影响价值流动	实施精益管理，消除七大浪费
增值比低		
原材料库存量大	供应商送货频次和数量不合理	优化供应商送货频次和数量
在制品库存量大	生产线工序不平衡	运用 ECRS 对生产工序优化调整
生产线平衡率低		

10.3　实践案例：万能数据线生产运作系统运行效果评价

兴华公司万能数据线生产运作系统规划设计完成后，需要对其运行效果进行评价，以找出其存在的问题，并进行持续改进。基于价值流分析的生产运作系统运行效果评价方法是一种非常实用的方法，它能够全面、客观、科学地对生产运作系统运行效果进行评价，并识别出明确的持续改进方向。

本节利用基于价值流分析的生产运作系统运行效果评价方法对兴华公司万能数据线生产运作系统进行运行效果评价。

1. 万能数据线生产运作系统数据信息

通过对该企业连续一个月的万能数据线生产运行情况现场跟踪调研，对其生产过程相关数据信息采集如下：

1）生产过程。根据兴华公司万能数据线工艺流程及零部件构成，为了方便价值流图的绘制，本文将万能数据线生产线的 11 个工序分为线体预处理、USB焊接、B/C/L 接头焊接、屏蔽壳焊接、内外膜安装、成品测试、包装等 7 个生产过程，各生产过程所含工序见表 10-4。

表 10-4 生产过程工序表

序号	生产过程	过程内工序
1	线体预处理	线体预处理
2	USB 焊接	USB 焊接
3		USB 插头内膜安装
4		半成品电压测试（一）
5	B/C/L 接头焊接	B/C/L 接头焊接
6		点胶
7	屏蔽壳焊接	屏蔽壳焊接
8		半成品电压测试（二）
9	内外膜安装	内外膜安装
10	成品测试	成品测试
11	包装	扎线包装

生产线设计为流水线形式，产品按照小批量流动。成品包装入库后，按照送货计划每天送至客户处。生产所需线体、卡圈、壳体等零部件采购回来后首先入原材料库，由配送员按需从原料库进行分拣并配送到生产线。

2）客户要求。兴华公司万能数据线年度产品销量预测见表 10-5。

表 10-5 兴华公司万能智能手机数据线年度销量预测 （单位：根）

月份	1 月	2 月	3 月	4 月	5 月	6 月	7 月	8 月	9 月	10 月	11 月	12 月
白色	6000	5000	8000	5000	7000	9000	10000	8000	7000	9000	7000	8000
黑色	5000	3000	6000	5000	5000	7000	8000	7000	4000	8000	3000	4000
合计	11000	8000	14000	10000	12000	16000	18000	15000	11000	17000	10000	12000

客户工厂以单班制生产，要求数据线每天配送一次。万能数据线单根捆扎后单纸盒独立包装，每 40 盒再统一装入 2 号纸箱包装，客户以 2 号纸箱整箱的倍数订货，每天用货车送往客户工厂。

3）生产作业人员工作时间。企业每月上班 22 天，每天单班生产，每天每班工作 8 小时，必要时延长。每天早班会用时 5min，班中集中休息 15min，设备维保及现场 5S 用时 10min，每天有效工作时间 7.5h。

4）生产计划与物料信息。生产计划与物料信息主要包含以下 5 个方面。

① 客户每月发预测订货信息，每周发详细订单，企业按照月预测提前安排资源，制订月生产计划，按照详细订单进行日生产计划排产。

② 企业每月编制物料需求预测给供应商 B 公司，同时每周将下周采购计划给其供应商 B 公司，要求 B 公司每 3 天送一次物料，每次送 3 天的物料。

③ 生产部每天根据客户订单、在制品库存水平、成品库存水平生成每周生产计划需求，下达给生产车间主管。

④ 生产车间主管给流水线班长、仓储等各小组下达每日生产计划。

⑤ 生产部给发运部门下达每日发货计划。

5）制造过程信息。万能数据线制造过程信息见表 10-6。

表 10-6　万能数据线制造过程信息

序号	生产过程	过程信息	具体参数	作业方式
1	线体预处理	制造周期时间/s	22.8	人+设备
		设备平均可动率	99%	
		产品一次合格率	98%	
		当前在制品库存/件	250	
2	USB 焊接	制造周期时间/s	53.9	人+设备
		设备平均可动率	98%	
		产品一次合格率	97%	
		当前在制品库存/件	200	
3	B/C/L 接头焊接	制造周期时间/s	42	人+设备
		设备平均可动率	98%	
		产品一次合格率	98%	
		当前在制品库存/件	300	
4	屏蔽壳焊接	制造周期时间/s	43.8	人+设备
		设备平均可动率	98%	
		产品一次合格率	98%	
		当前在制品库存/件	40	
5	内外膜安装	制造周期时间/s	25.9	人+设备
		设备平均可动率	99%	
		产品一次合格率	98%	
		当前在制品库存/件	250	

（续）

序号	生产过程	过程信息	具体参数	作业方式
6	成品测试	制造周期时间/s	24.3	人+设备
		设备平均可动率	98%	
		当前在制品库存/件	20	
7	包装	制造周期时间/s	15.2	人+设备
		设备平均可动率	98%	
		当前在制品库存/件	400	

2. 万能数据线生产运作系统价值流分析

根据统计收集的兴华公司万能数据线生产运作系统运行现状和数据信息，按照价值流图绘制步骤绘制出其价值流图，并进行生产运作系统价值流分析。

步骤一：绘制客户图标及客户需求信息栏（如图 10-15 所示）

首先将客户的图标画在价值流图的右上角，然后在客户图标的正下方画一个数据框，将客户的需求填在数据框内对用的位置。

客户数据框的主要内容包括：每种产品的月需求数量、包装规格、客户生产班次安排等。

步骤二：按从左到右的顺序绘制生产流程（如图 10-16 所示）

图 10-15 绘制客户图标及客户需求信息栏

图 10-16 按从左到右的顺序绘制生产流程

兴华公司万能数据线生产中，各过程内部的各工序为连续流生产，但各个过程相对独立，各过程之间需要通过物料盒进行在制品批量传递。因此，在绘制价值流图时，每个过程用一个过程框来表示，不再按照工序绘制工序框。

将代表不同生产过程的过程框绘制在价值流图的底部，从左到右画，最左边的过程框代表生产流程的最上游生产过程，最右边的过程框代表最下游生产过程。万能数据线生产过程中，从上游到下游的过程依次为线体预处理、USB焊接、B/C/L接头焊接、屏蔽壳焊接、内外膜安装、成品测试、包装等。每个过程图标标注出该过程的操作工人数、过程名称。

步骤三：绘制物料流流动方式（如图10-17所示）

客户A公司

| 18000件/月 |
| 白色：10000件/月 |
| 黑色：8000件/月 |
| 2号货箱，每箱40件 |
| 单班制 |

图10-17 绘制物料流流动方式

兴华公司万能数据线生产过程中物料流动主要依靠生产者推动，即前工序完工后将在制品传递至后工序，后工序进行生产作业。因此，第三步按照从左到右的顺序用推动方式的图标绘制出万能数据线生产过程中的物料流动。

步骤四：绘制各工序数据框（如图10-18所示）

将调研收集到的数据对照各生产过程进行细化，明确各生产过程详细的生产信息数据，并填写到数据框中。根据兴华公司万能数据线各生产过程特点及调研数据情况，各过程主要包含信息有：本过程生产加工制造周期时间、日有效工作时间、设备平均可动率、产品一次合格率、换模时间、班制等信息。日有效工作时间为7.5h，即27000s。屏蔽壳安装和内外膜安装两个过程存在换模情况，其中屏蔽壳安装过程中的激光设备每次换模时间5min，内外膜安装过程中的全自动压膜机每次换模时间8min。

在每个生产过程图标正下方画上数据框，填入统计收集的本过程相关信息。

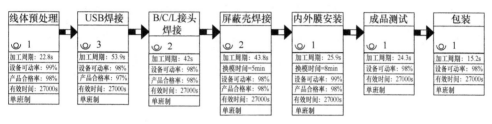

图 10-18　绘制各工序数据框

步骤五：绘制各工序间库存三角

在各过程之间的原材料库存、中间在制品库存或成品库存的位置上画上库存图标，并在库存图标的正下方标注出库存种类及数量，同时在第一个生产过程前绘制出原材料库图标，在包装过程后绘制出成品库图标。绘制库存图标并标注库存信息如图 10-19 所示。

原材料库平均存放 3 天的物料，成品库存放 1 天的成品。

步骤六：绘制送货（原材料）**信息示意图**（如图 10-20 所示）

首先在价值流图的左上角绘制供应商图标，然后在供应商图标的正下方画出货车图标，并在货车图标内填上每 3 天一次的送货频率，同时画一条箭线从供应商图标起，穿过货车图标后，指向价值流最上游生产过程的图标。

步骤七：绘制发货（成品）**信息示意图**（如图 10-21 所示）

首先在入库发运图标上方画出货车图标，并将发货频率每天一次填在货车图标内，同时画一条箭线从入库发运图标起，穿过货车图标后，指向客户图标。

步骤八：绘制生产控制部门图标（如图 10-22 所示）

绘制价值流图中的生产控制部门。兴华公司公司生产计划部从客户 A 公司处接收订单信息，结合车间现状、成品库数据，综合处理后，制订出每周生产计划，分别传递给采购部和生产车间主管。采购部接收到周计划后，通过 MRP 运算制订出采购计划并传递给供应商 B 公司。因此，在兴华公司万能数据线生产

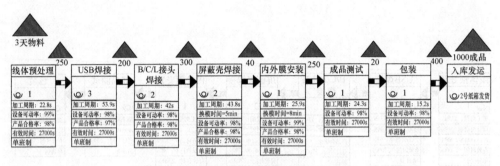

图 10-19　绘制库存图标并标注库存信息

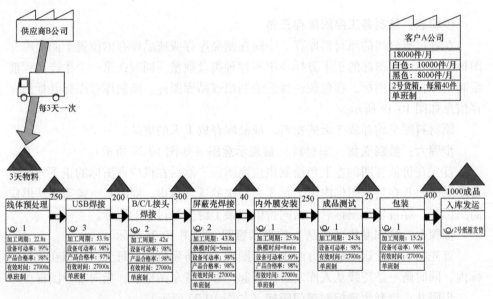

图 10-20　绘制送货（原材料）信息示意图

运作的整个过程中由生产计划部负责信息流的传递和管理。

步骤九：绘制生产控制部门图标与客户图标、供应商图标之间的信息沟通箭线（如图 10-23 所示）

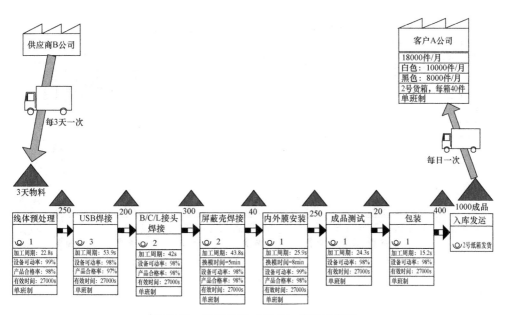

图 10-21 绘制发货（成品）信息示意图

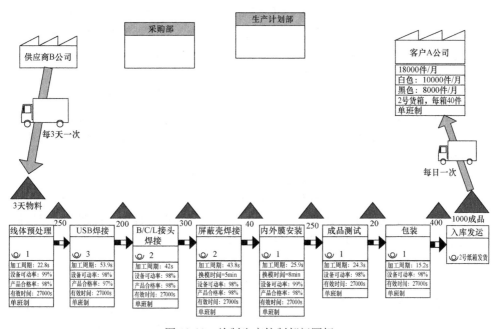

图 10-22 绘制生产控制部门图标

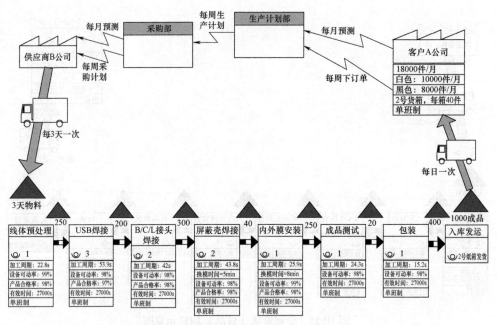

图 10-23　绘制生产控制部门图标与客户图标、供应商图标之间的信息沟通箭线

绘制生产控制部门图标与客户图标之间的信息沟通箭线，用来表示客户的预测信息和订单信息，并在箭线上标注信息传递频率。同时，绘制生产控制部门图标与供应商图标之间的信息沟通箭线，用来表示生产控制部门向供应商传递预测信息和订单信息，并在箭线上标注信息传递频率。

目前客户 A 公司每月下预测订单，每周下具体订单给兴华公司，生产计划部编制每周计划后传递给采购部和车间主管，采购部将每周生产计划下给供应商 B 公司，同时每月给 B 公司传递月度预测采购计划。整个过程信息传递都是通过信息化系统来完成的。

步骤十：绘制生产计划下达信息流程（如图 10-24 所示）

绘制生产计划下达信息流程。生产计划部门将每周生产计划下发给车间主管，车间主管将每周生产计划重新分解，分解为各过程每日生产计划，通过纸质计划单形式下发给各过程。同时，生产计划部每天通过信息化系统给成品库下发每日出货计划。

步骤十一：绘制价值流时间线（如图 10-25 所示）

对整个价值流绘制时间线。万能数据线生产过程价值流的时间线由增值时间和非增值时间组成。增值时间为各过程的生产制造周期时间，非增值时间为库存等待时间。在绘制时间线时，增值时间对应在相应过程正下方波谷，非增值时间

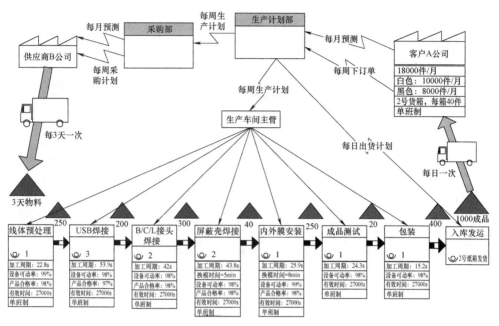

图 10-24 绘制生产计划下达信息流程

对应在库存三角图标正下方波峰。按照每天需求 1000 件数据线，将各区域存储在制品按照存储数量换算出存放时间即非增值时间。

在价值流图中的时间线上标识出交付期和增值时间数据后，现状价值流图就绘制完成了。

步骤十二：计算各评价维度的评价指标

根据图 10-25 价值流图中的数据和时间线计算各评价维度的评价指标。

1）产品加工制造周期。产品加工制造周期，即增值时间，是各过程作业时间总和，根据图 10-25 价值流图中的每个过程加工周期的数据计算可得

产品加工制造周期（增值时间）= 各过程加工周期总和

$$= 22.8+53.9+42+43.8+25.9+24.3+15.2$$
$$= 227.9s$$

2）生产交付周期。生产交付周期包含增值时间和非增值时间，根据图 10-25 价值流图中的原材料库存、在制品库存可以计算出非增值时间为

非增值时间 = 3+0.25+0.2+0.3+0.04+0.25+0.02+0.4

$$= 4.46 \text{ 天} = 4.46×3600×24 = 385344s$$

3）原材料库存。从图 10-25 价值流图直接可以看出，原材料库存时间为 3 天。

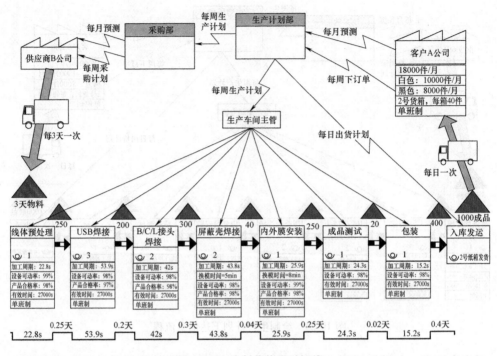

图 10-25 绘制价值流时间线

4）工序最高在制品库存。从图 10-25 价值流图直接可以看出，包装工序在制品库存最多为 400 件。

5）直通率。按照投入产品总数 1000 件计算，根据图 10-25 价值流图中各过程产品一次合格率和直通率公式（10-4）计算如下：

$$直通率 = \frac{直通合格数}{投入总数} \times 100\% = \frac{1000 \times 98\% \times 97\% \times 98\% \times 98\% \times 98\%}{1000} \times 100\% = 89.47\%$$

6）生产线平衡率。目前生产线作业人数为 11 人，各工序作业时间总和为 227.9s，瓶颈工序为内外膜安装工序，其工序时间为 25.9s，根据生产线平衡率公式（10-7）计算如下：

$$生产线平衡率 = \frac{各工序作业时间总和}{作业人数 \times 瓶颈工序时间} \times 100\% = \frac{227.9}{11 \times 25.9} \times 100\% = 80\%$$

3. 万能数据线生产运作系统运行效果评价

根据各评价维度的评价指标，万能数据线生产运作系统运行效果评价如下：

1）时间维度。产品加工制造周期（增值时间）为 227.9s，生产交付周期为 385571.9s，生产交付周期为产品加工制造周期的 1691 倍，说明该生产运作系统当中存在大量的时间浪费。

另外，根据生产运作系统增值比计算公式（10-1）计算可得：

$$生产运作系统增值比 = \frac{增值时间总和}{增值时间总和+非增值时间总和} \times 100\%$$

$$= \frac{227.9}{227.9+385344} \times 100\% = 0.059\%$$

从生产运作系统增值比也可以看出，目前生产运作系统的时间浪费非常大，主要体现在原料和在制品库存时间较长。

2）成本维度。原材料库存为 3 天，工序最高在制品库存为 0.4 天，工序在制品累计库存为 1.46 天。原材料库存和在制品库存都较高，尤其是原材料库存，占用了大量资金和场地，成本浪费严重。

3）质量维度。直通率为 89.47%，处于同行业中的中等水平，说明公司生产运作系统质量控制水平一般，需加强改善。

4）效率维度。生产线平衡率为 80%，高于同行业水平，说明生产运作系统生产效率较高。

根据评价结果可知，兴华公司目前需要在时间维度、成本维度和质量维度等维度进行重点改善。具体如下：

1）时间维度改善。详细分析影响增值比、库存时间两个指标的影响因素，发现主要原因为原材料库存时间较长。分析发现供应商 B 公司距离万能数据线公司 30 千米，供应商接到物料送货计划后，1 天即可完成物料的分拣并配送到数据线公司原料库。原料库给生产线配送频次为每 0.5 天配送一次，因此综合分析后，将原料库原料存放量改为 2 天物料量，即供应商每 2 天送货一次，每次配送两天物料。

2）成本维度改善。分析发现各工序在制品库存较大，主要原因为生产转运批量较大。分析发现各工序生产周期时间接近，作业位置相近，因此可设计在制品专用存放小料盒，每个料盒放 20 根数据线，料盒放满即转运至下工序，减少在制品等待和堆积。

3）质量维度改善。数据线生产直通率为 89.47%，说明生产过程中返工返修和报废较多。详细分析发现质量异常主要集中在线体预处理、USB 焊接、屏蔽壳焊接、内外膜安装等工序。线体预处理和 USB 焊接工序主要原因为员工不熟练且未按照标准作业指导书作业导致。屏蔽壳焊接和内外膜安装工序质量影响因素主要为模具问题，即模具发生质量问题未及时发现，从而造成产品发生质量问题。

针对影响各评价指标的主要因素，拉条挂账，针对性地进行问题结合和持续改进，从而促进该生产运行系统运行效果再上新台阶。万能数据线生产运作系统持续改进表见表 10-7。

表 10-7　万能数据线生产运作系统持续改进表

主要问题	原因分析	改进措施
原材料库存量大	供应商送货频次和数量不合理	优化供应商送货频次和数量，每两天送一次，每次送两天量
在制品存量大	生产转运批量较大	设计专用在制品存放转运料盒，每 20 件为一盒，放满即转
线体预处理合格率低	1. 员工不熟练	1. 建立员工快速上岗机制，培养员工技能水平
USB 焊接合格率低	2. 未按照标准作业执行	2. 全面推进标准作业的应用
屏蔽壳焊接合格率低	模具问题未及时发现	模具纳入设备点检和日常维保项，定期点检维保
内外膜安装合格率低		

参 考 文 献

［1］陈荣秋，马士华. 生产运作管理［M］. 5 版. 北京：机械工业出版社，2017.

［2］易树平，郭伏. 基础工业工程［M］. 2 版. 北京：机械工业出版社，2014.

［3］杜可可. 机械制造技术基础［M］. 北京：人民邮电出版社，2007.

［4］佐藤知一，山崎诚. BOM 物料管理［M］. 刘波，译. 北京：东方出版社，2013.

［5］齐二石，等. 现代工业工程与管理［M］. 天津：天津大学出版社，2007.

［6］沃麦克，琼斯. 精益思想（白金版）［M］. 沈希瑾，张文杰，李京生，译. 北京：机械工业出版社，2015.

［7］成毅. 工厂物料精细化管理手册［M］. 2 版. 北京：人民邮电出版社，2014.

［8］全国电工电子产品可靠性与维修性标准化技术委员会. 系统可靠性分析技术 失效模式和影响分析（FMEA）程序：GB/T 7826—2012［S］. 北京：中国标准出版社，2013.